与艾尔伯特叔叔一起探索：
时间和空间

［英］罗素·斯坦纳德/著　其星/译

长江出版传媒　长江文艺出版社

图书在版编目（CIP）数据

与艾尔伯特叔叔一起探索. 时间和空间 / （英）罗素·斯坦纳德著；其星译. -- 武汉：长江文艺出版社，2022.1（2022.3 重印）
ISBN 978-7-5702-2429-6

Ⅰ. ①与… Ⅱ. ①罗… ②其… Ⅲ. ①科学知识－少儿读物②时间－少儿读物③空间探索－少儿读物 Ⅳ. ①Z228.1②P19-49③V11-49

中国版本图书馆 CIP 数据核字(2021)第 218525 号

THE TIME AND SPACE OF UNCLE ALBERT by RUSSELL STANNARD
(ILLUSTRATIONS BY JOHN LEVERS)
This edition arranged with FABER AND FABER LTD.
through Big Apple Agency, Inc.
All rights reserved.
图字：17-2020-240 号

与艾尔伯特叔叔一起探索. 时间和空间
YU AIERBOTE SHUSHU YIQI TANSUO. SHIJIAN HE KONGJIAN

责任编辑：黄柳依　　　　　　责任校对：毛　娟
设计制作：格林图书　　　　　　责任印制：邱　莉　　胡丽平

出版：长江出版传媒 ｜ 长江文艺出版社
地址：武汉市雄楚大街 268 号　　邮编：430070
发行：长江文艺出版社
http://www.cjlap.com
印刷：武汉珞珈山学苑印刷有限公司

开本：880 毫米×1230 毫米　　1/32　印张：4.5　　插页：1 页
版次：2022 年 1 月第 1 版　　2022 年 3 月第 2 次印刷
字数：78 千字

定价：32.00 元

目 录

Contents

这是一个故事，但不是普通的故事。虽然艾尔伯特叔叔和格丹的冒险是虚构的，但空间和时间的本质确实像这里所描述的那样非同寻常。

第一章

那束跑掉的光

"'萝卜'（Turnip）想让我们做一个项目。"格丹宣布。

"萝卜？"艾尔伯特叔叔难以置信地重复道。

"特纳先生（Mr Turner）——我们的科学老师。我们必须选择一个主题，一个科学的主题。然后，"她又带着一种凝重的神气说，"我们必须研究一下……"

"研究?!"艾尔伯特叔叔惊叹道，他看上去就要忍不住放声大笑起来。

"是的，"格丹气愤地说，"我们必须对此进行研究，并要把结果写成报告。"

她紧绷着脸，狠狠地踢了一脚石头。她穿着运动鞋，所以她的脚很疼。但她并没有表现出来。她很喜欢她的叔叔，但他有时很令她讨厌。她希望自己也能成为像他那样的著名科学家。这就是为什么她迫切希望他会对自己的消息感到欢欣雀跃。她现在后悔不应该和他说这些，而是应该待在家里看电视。

察觉到她的失望，艾尔伯特叔叔向格丹道歉了。

"对不起。只是……我上学的时候可没这么做过。你选的主题是什么？"

格丹耸耸肩。"目前还没决定。艾里逊的主题是恐龙。弗朗西斯·亚历山德拉会做一些有关火山方面的研究。特纳先生说我可以做有关'家庭能源'——双层玻璃、电动牙刷等诸如此类的主题，但是我不确定。我想做些特别有趣的事情。"

他们来到了公园，艾尔伯特叔叔满怀感恩之情，坐在了一条长凳上，格丹和他坐在一起。他们一起仰望天空。这是一个可爱的星光灿烂的夜晚。

"难道这一切不漂亮吗？"艾尔伯特叔叔先开口说，"你知道吗？当我还是个小男孩的时候，我常常想，星星离我们究竟有多远。我还曾以为它们就是挂在一个巨大圆顶里面的小灯呢。一天晚上——就像这样——我看到爸爸的梯子靠在墙上——一直伸到屋檐那儿。他一直在修补它们，或者给它们刷漆什么的——我记不清了。我爬到梯顶——当然他不知道。我踮起脚尖，尽可能地把手伸到高处。我试着去触摸星星，但那里什么也没有。它们似乎和以往一样遥远。我永远不会忘记那一切。"

他似乎沉浸在对儿时的回忆中。格丹重新将他拉回到现实中来。

"叔叔，它们离这儿有多远？"

"很长一段路。"

"但是多远？"

"哦……"他停顿了一下，不知说什么好。"好吧，到目前为止，它们的光需要走很多年才能到达这里。"

"什么？"格丹不确定自己听到的话是否正确。

"是的。很多很多年。我们现在看到的光是它们数年前发出的。它花了那么长时间才到达这里。"

"但是为什么呢？光从一个地方到达另一个地方并不需要时间。当我在家里打开一盏灯的时候，光就会照亮房间的任何地方。"

"这不完全是相同的，"艾尔伯特叔叔解释说，"它似乎一下子就到处都是了，那是因为房间都很小。你不会注意到光线从灯泡传播到墙壁上所花费的非常非常短的时间。但在太空中情况就不一样了。星星离我们很远很远，它们发出的光需要经过很长时间才能到达我们这里——不管它的速度有多快。"

"有多快？"

"每秒三十万千米。"

艾尔伯特叔叔看到格丹一脸茫然，就加了一句："每秒十八万六千英里。"

她似乎还是没能接受，于是艾尔伯特叔叔又加了一句：

"在说'大米布丁'的时间里它绕了地球五圈。"

"五圈……？"

"是的，这就是它的速度。即使以这样的速度，光从这些恒星到达这里仍然需要花费很多年的时间。"

他们继续坐在那里仰望着天空，陷入了沉思。

突然，艾尔伯特叔叔猛地坐了起来，叫道："我有个主意！我最近一直在想关于光的问题——它是如何运动的，以及如果真的追上一束光会是什么样子——比如，我们头上的一束星光。我以前怎么没想到呢？你能帮我一下吗？你去追着那些光束跑，然后告诉我那是怎样的感觉。"

格丹怀疑地看着他。她听人说过他是个"古怪的人"。她不太明白他们这话是什么意思，但听起来好像是说，他们觉得艾尔伯特叔叔有点古怪。有些时候——就像现在——她认为他们的话可能不无道理。

"叔叔，你没事吧?"格丹焦急地问。

"我当然没事,"他叫着,猛地站了起来,动作敏捷得令人震惊。"来吧。我们还有很多工作要做。"说着,他开始朝着房子的方向匆匆走去。

"但是,叔叔,我不明白,"格丹一边辩解着,一边追上了叔叔,"我应该怎么做?你刚才说的光的传播速度实在是太快了!"

"我将展现给你看,"他打断她说,"事实上,这可能就是你的项目的主题。你觉得怎么样?一项真正的、天才的研究。哈!"他哼了一声,"那就是'萝卜'和他的电动牙刷了。"说着,他抓住格丹的手,急切地拉着她往前走。

他们回到家的时候,格丹已经被彻底地激怒了。艾尔伯特叔叔仍然没有解释到底发生了什么。当他脱下外套,准备走进书房时,格丹如一根钉子一样钉在了房间门口。

"如果你不回答我,就不许再往前走一步,"格丹坚定地说,"我到底应该怎么做?"

"当然是在宇宙飞船里啦!"艾尔伯特叔叔说,好像这是件显而易见的事情。

"宇宙飞船？你想让我在宇宙飞船里追逐一束光？"

"是的。"

"哈哈，"她嘲弄地说，"现在就请把一艘宇宙飞船开过来吧。"

"嗯？"

"好吧，让我们面对现实吧，你没有宇宙飞船，对吧？"

"我没有吗？"他饶有兴趣地反问道。

当他与她擦身而过时，他示意她跟着自己走。

"但我一点也不相信。"

当他们走进书房时，她的声音变小了，她的眼睛睁得大大的。她惊奇地站在地上，像生了根似的。

"这究竟是什么……？"

炉火的余烬照亮了房间，那儿还有一盏一直开着的台灯。墙壁上满满都是书，壁炉的两边各有两把舒适的旧旧的皮制扶手椅。

其中一把扶手椅上方的什么东西吸引了格丹的注意。它就像一个巨大的肥皂泡，直径约一米，几乎是球形的，只是顶部和底部略微被压扁了。在它的下方，有两个较小的气泡，一直延伸到高靠背椅的顶部。它们轻轻地摇晃着，在半明半暗的光线中神秘地闪烁着微光。

"那是什么？"她喊道。

"那是……那是……呃……那是一个思想的泡泡。"艾尔伯特叔叔以一种就事论事的语气说。

"一个什么？"

"思想的泡泡。你知道的……就像卡通里的思想泡泡。那些人们在思考时闪现在头脑上的东西。"

"但你只能在漫画里看到这些。我不知道它们是……嗯……是真实的。"

"这不奇怪。它们并不常见。没有多少人愿意为产生一个思想泡泡而去那么努力地思考。"

艾尔伯特叔叔坐在泡泡下面的椅子上，挥手示意格丹坐在他对面的椅子上。她照做了，但仍然不确定地抬头看着那个泡泡。

当她看着它的时候，它似乎有时会消失，然后又重新亮起来。

"为什么它要这样时隐时现？"格丹问。

"这取决于我有多努力地在思考。"艾尔伯特叔叔回答。

"什么……"格丹停顿了一下，不太确定自己想问什么问题，"它能……做……什么？"

"任何事情。它可以做任何事。它所需要的只是想象力，

很丰富的想象力。我想到的任何东西都会出现在我的思想泡泡里。告诉你吧，"他补充道，"你就等着瞧吧。"

他闭上眼睛。让格丹高兴的是，没过多长时间，一只黑白相间的猫开始慢慢地出现在泡泡里。它看起来非常真实。她注视着它，它开始舔自己的毛。然后它抬起头来，对她眨了眨眼睛——然后就消失了。艾尔伯特叔叔睁开了眼睛。"你看到了吗？"

"是的，"格丹兴奋地说，"这真的是……好吧……就像真的猫一样。这真是令人难以置信。"

艾尔伯特叔叔咧嘴一笑。

"告诉我，叔叔，"她说，"如果你想到我，我也会出现在思想泡泡中吗？"

艾尔伯特叔叔想了一会儿。"我想是吧，我从来没有在真人身上尝试过。但我认为这是可行的。"

"如果你想到了宇宙飞船呢？"

艾尔伯特叔叔点了点头。

"如果你想到我在宇宙飞船中……"

"完全正确。这就是我在思考时会发生的事情。只有你被放入宇宙飞船中，你才能帮我追逐光束。"

艾尔伯特叔叔目不转睛地看着她。"格丹，我没有权利向你提出这个要求。但是，正如我告诉你的，我一直在试图理解光的行为。我卡住了。我始终弄不明白。我需要有人帮我追逐一束光，然后告诉我，当他追上它的时候是什么感觉。我不能自己去，我得留在这里思考。所以我希望……"

格丹的心怦怦直跳。她焦急地看着那个泡泡，紧紧地抓着自己椅子的扶手。然后她看着对面的艾尔伯特叔叔。"这很……危险吗？"她问道。

艾尔伯特叔叔耸耸肩。"我不应该这样想的。但就像我说的，我从来没有对一个真真正正的人这样做过。"

她想了一会儿，然后胆怯地点点头。艾尔伯特叔叔微笑着安慰她。

"那好吧，"他说，"我们就开始吧。"

他闭上眼睛，用手托着下巴，他陷入了沉思。

在格丹的注视下，肥皂泡中开始出现看起来像宇宙飞船内部的场景：那里有弧形的金属墙，里面有圆形的窗户。在窗户外面，她瞥见了一些星星。窗户旁边是一排壮观的仪表盘、闪烁的灯光和电视屏幕。这大概是控制面板。

突然，一阵恐慌攫住了她。泡泡，泡泡在哪里？它已经走了。她太专注于思考泡泡里面的东西了，以至于没有注意到泡泡本身已经消失了。

不仅如此，她紧握着的椅子的扶手也不再是艾尔伯特叔叔书房里那把椅子的扶手了。它们是宇宙飞船座椅的扶手了。刹那间，她不知怎么地难以置信地意识到——她现在就在那个思想泡泡里。她不仅是在思想泡泡里，她还在宇宙飞船里！

她焦急地环顾四周。她心里只有一个念头：出口在哪里？但她还没来得及动弹，就听到一个响亮的声音响起："你好。别惊慌，亲爱的。没有什么好担心的。"这是一种人造的、电子的声音。

"什么……这是怎么回事呢？"格丹结结巴巴地说，试图找到声音的来源。

"请允许我做一下自我介绍。我是你的电脑。我很高兴，欢迎你上船，希望你在这里旅途愉快。"

她注意到，一些灯会随着声音的发出而立即亮起或熄灭，旁边的屏幕上也会显示声音表达的文字。这一定是一台会说话的电脑。

"但我在哪里？"她问道，她觉得自己对着电视屏幕说话有点傻。

"哦，你当然在宇宙飞船里了。"

"我真的在宇宙飞船里吗?"

"这不仅仅是宇宙飞船,如果你不介意的话,"电脑冷冷地说,"这是宇宙飞船。"然后,用一种听起来像导游对一大群游客讲话的声音继续说,"这是前无古人、后无来者的最大的宇宙飞船,这样的宇宙飞船从来没有被建造过,也永远不会被建造出来……"

"如果它从未被建造出来,那怎么会出现在这里呢?"格丹鼓起勇气,打断了他的话。

"当然是通过思考的力量——艾尔伯特叔叔的想象力。他的想象力是无限的。我说到哪儿了?啊,是的,"电脑又说,"这是世界上最大的宇宙飞船。它配备了有史以来最强大的火箭发动机——能够提供人们可能需要的所有能量。设计这艘宇宙飞船的目的是探索自然规律的极限。"

格丹向四周看了看。这艘宇宙飞船的确非常巨大。格丹感觉自己就像在一个又宽又长的隧道里。路的尽头那么远,以至于她简直看不清前方。至于电脑,他看起来有点自负,但她很感激有个人——任何人——可以交谈,即使那只是一堆电子产品。

"好的,女士,"电脑又启动了,"我很荣幸成为第一个向你表示祝贺的人。"

"祝贺我吗？"

"祝贺你成为这艘高级宇宙飞船的第一任船长。"

格丹一开始就想退缩了，现在更是感到惊慌失措。

"但一定是哪儿弄错了。我对航天器一窍不通。我根本不知道应该怎么办。"格丹心想。

"不要担心。不然你以为我来这儿是干什么的？我的工作就是照顾你，确保一切顺利。你所要做的就是……好好享受吧。好啦，你准备好了吗？"

格丹看上去高兴了一些，她点了点头。

"好吧。系好安全带。"

她系好了自己的安全带。

"现在，你要担心的就是你面前的那个红色按钮。当你想发动马达时，你就按这个按钮。只要你想让火箭发射，就把你的手指放在上面。好吧？"

"好的。"她点了点头，越来越兴奋了。

"好吧，等你准备好了，就可以起飞了。"

格丹深吸了一口气，伸手按下了按钮。发动机低沉的轰鸣声立刻从飞船的后面传来。她觉得自己的身体紧紧地贴在椅背上。

"多么激动人心！"她想。

过了一会儿，电脑喊道："可以松开按钮了！"

她照做了，引擎的声音渐渐消失了。她不再被紧紧地压在自己的座位上了。她有一种飘浮的感觉，她觉得如果不是安全带使她继续保持在原来的位置上，自己就会飘浮起来。人一旦习惯了这种感觉，就会觉得很舒服。

"这就是我们的速度，是吗？"格丹指着自己面前按钮上方的数字显示屏问道。它上面显示的是相对于地球的速度，并且现在显示的是"光速的 0.500 倍"。

"没错，"电脑说，"我们现在正以光速一半的速度在航行。"

"那我们为什么不减速呢？"

"我们为什么要减速呢？"

"因为引擎熄火了，我们应该会减速的。"

"这不是自行车，"电脑用一种优越的语气说，"这是一艘宇宙飞船。一旦宇宙飞船达到一定的速度，就不再需要推力了。在这里，没有空气或任何东西能让我们慢下来。所以，我们就这样继续下去。只有当我们想要改变速度时——当我们想要更快或更慢时，我们才需要火箭发动机。"

"发动机怎么能使你走得更慢些呢？"

"当然是通过反向作用。"

在数字显示屏上方有一扇朝向飞船前方的大窗户，格丹透过窗户看着面前的星星。每过一分一秒，她都感到更加轻松自在。她真的开始享受这一切了。

"好了，"电脑打断了她的思绪，"如果你准备好了，我们最好开始执行任务。艾尔伯特叔叔在某处给我输入了一些指令。我要看看我的记忆库。"

"我们要追上一道光束。"格丹自告奋勇地急切地说道。

电脑停顿了一会儿，又继续说："啊，对了。完全正确。捕捉一束光线，"他说，"太与众不同了，假如他知道自己在做什么。好的，你能看到一个吗？应该有很多，这儿到处都是星星。"

格丹向窗外望去。突然，她兴奋地指了指："瞧！这是一个吗？"

就在外面，一道微光掠过。格丹似乎觉得它有一张脸——一张顽皮的脸……是的！它在咯咯地笑！她肯定自己听到了微弱的尖细的傻笑，就像是一个过于激动的女学生发出的笑声，还有一个戏弄人的声音在叫着："来吧，如果你能抓住我的话。"随着它越来越远，模模糊糊的光斑变得越来越小，越来越暗。

"是的，"电脑叫道，"那是一束！在它跑掉之前追上它！"

"这很容易，"格丹喊道，"我们的速度已经是它的一半了。"说着，她按下了按钮，引擎再次轰鸣起来，他们开始追赶光束。

几分钟后，电脑喊道："好的，应该可以了。我们现在应该已经赶上它了。"

格丹松开按钮，寻找那束光。她的脸色突然变了。

"哦！它现在比以往任何时候都要远。"她说。

"什么？更远……这是不可能的。"

"但就是这样呀。"

"不可能。我们现在的速度是多少？"电脑问。

"嗯……0.900。我想应该是光速的十分之九。"

"只有这么快吗？这是最快的速度吗？"

"是的。"她确定道。

"多么奇怪。根据我的计算，我们应该很容易就能达到光速。"

格丹听到远处一个声音在咯咯地笑："你得做得更好才行。"

"再试一次，"电脑说，"这次我给你加满能量。"

格丹再次按下按钮。引擎的噪音震耳欲聋——比之前大得多。宇宙飞船以一种非常惊人的方式摇晃着，它仿佛就要震成碎片。

似乎过了好长一段时间，电脑命令她松开按钮，她感激地照做了。她朝窗外看了看。起初，她什么也看不见。然后她发现了那束光。

"哦，不。现在它离我们已经很远了——而且它还在不断远离我们。"

"不可能的。我们现在的速度是多少？"

"光速的 0.999 倍。"

"太不可思议了。我得到的答案很不一样。"然后，他带着一种厌恶的声调补充说，"我一定是被错误地编程了。我听说过这种事，但从没想过会发生在我自己身上。多么令人尴尬呀！我得自己检查一下自己。"

"……等不及了……等不及了……我必须上路了……"

格丹听到光束的声音在远处渐渐消失。那道模糊的光线消失了——最后完全消失了。"我回去后怎么跟艾尔伯特叔叔解释这事呢？"她想，"我的项目就这样完蛋了。"

然后，她开始越来越感到不安，她继续大声说："那么，我该怎么回去呢？现在我正以光速飞行——唯一能帮我的是一台不会计算的愚蠢电脑。"

"啊哈！"电脑叫道，"一切正常。没有编程错误。一切都在正常运行。我一直在精准地按照别人的吩咐在运行。"

"那你怎么会得出错误的答案？"

"错误的答案吗？"

"是的。那个关于我们速度的错误答案。"

"啊，是的。我明白你的意思了。好问题……错误的速度……嗯……我想我一定是被输入了错误的方程式。我一直在正确地运行——一如既往——但用的是错误的方程式。一定是这样。实际的科学公式肯定是错的。非常奇怪。我不知道艾尔伯特叔叔会怎么处理这个问题。你回去后得告诉他。"

"我一定会平安回去的，是吗？"格丹焦急地询问，"你知道的，就是你计算错误了。"

"请再说一遍！"电脑叫道，听起来很生气。

"很抱歉。我的意思是说……嗯……事情就像你说的那样……我会平安无事吗？"

"哦，是的。没问题。我马上给他发个信息，把实际情况告诉他，请你准备好被传送下去。"

果然，没有任何问题。就像格丹发现自己被神秘地送到宇宙飞船上一样，现在她发现自己已经回到了艾尔伯特叔叔书房中，她喜欢这种令人心安的气氛。她立即告诉了他所发生的一切……"再没有别的好说的了，"她最后结束道，"我们尽了最大努力，但光束对我们来说，速度实在是太快了。"她耸了耸肩。

"别担心，我的女孩，"艾尔伯特叔叔说。事实上，他看上去很得意。"在我看来，一切都很顺利。你在可可变冷之前赶紧把它喝光吧，再过几分钟你就该回家了。"

格丹端起她椅子旁边的小桌子上的马克杯。她以前曾说过，她对可可不那么感兴趣，但是像往常一样，艾尔伯特叔叔把这事给忘了。

"你是什么意思，一切进行得很顺利？我不能在我的项目报告里写这个。这是你首先提出来的，我应该去追逐一束光，但是我失败了。那么，你不是也应该很失望吗？"

"失望？一点也不。你看，我无论如何也想象不出追上一束光会是什么样子。这就是我被困住的原因。所以你没能做到，反而让我松了口气。"

格丹说："我以为你什么都能想象出来。"

"哦，不。我不会让我的想象力脱离我自身。我只是在想象可能发生的事。我不会浪费时间去想那些绝对不可能的事情。"他停顿了一下，想找句合适的话来表达自己。

"光是很特别的，格丹。它总是东奔西跑。我的意思是永远。它就是不能保持静止。这就是它存在的方式。运动是它本身的一部分。"

"就像跳舞一样。"

"跳舞？"

"是的。你跳舞的时候会动。如果你一动不动地站在一个地方，你就不可能是在跳舞。"

"嗯……是的。我从没这么想过。我想你是对的，是有点像那样。"

"所以呢？"

"所以，如果你能追上那束光，它就不会再东奔西跑了——在你看来就不会了。它就会一动不动地坐在那里。"

"我不明白。"

"好吧，你知道当你在一辆车中追上了高速公路上的另一辆车，你们俩都开得很快，但看起来并不像这样，另一辆车似乎就停在你旁边。"

"是的，我知道。那么当我们追上一束光线时，同样的事情发生了，哪儿出错了呢？为什么我们看不出它是静止的呢？"

"啊，但这就是问题的所在——我们知道一辆车静止不动时是什么感觉。汽车大部分时间都是静止不动的——停在车库或停车场里。但是光就不一样了。没有静止不动的光。光总是很活泼，振动着，四处跑动。光静止不动就不再是光了。就像你所说的那些舞者。如果你觉得它们好像站着不动，它们就不会再跳舞了——在你看来不会。光从来不是静止的，所以它看起来也不像是静止的。"

"但如果我们追上它，它看起来就像是静止不动了。"格丹坚定地说。

"如果，我亲爱的。如果！"艾尔伯特叔叔惊叫道，"这就是我想说的。我们追不上它。这就是你刚刚帮我发现的。因为我们无法追赶上它，所以我们永远不会看到好似静止不动的光。这是惊人的。漂亮！为什么以前就没有人想到这一点呢？"

说完，他得意洋洋地在空中挥拳，就像足球运动员进了球一样。（每当有重大想法袭来时，他总是很兴奋。）"我们将不得不重写所有的科学书籍！"

格丹等着他稍微冷静下来，"但如果我们有一个更大的火箭呢？"

"一个更大点的吗？不，不，亲爱的，那不行。完全不行。你不记得电脑告诉过你了吗？这台引擎能提供你想要的所有动力。"

"但这没有道理。上面没有空气，也没有任何东西能让我们减速。对吧？那么，是什么阻止我们行进得更快呢？"

艾尔伯特叔叔想了一会儿。他看了看桌子说："把记事本递给我，我会解释的。"

格丹走过去拿到了记事本。

"现在把写字台递给我。"

她转过身，正要往回走，却停住了。"叔叔！"

"嗯？"

"你说的是写字台。"

"没错。"

"但我不能把写字台递给你。"

"为什么不能呢？你把记事本递给我了。"

"噢，别傻了，叔叔。你很清楚我不能把它递给你。它实在是太重了。"她抗议道。

"啊哈，"艾尔伯特叔叔说，脸上带着狡猾的笑容。"那个强大到能递给我记事本的女孩，却没有强大到能移动桌子。原因是那张桌子要重得多。"

"是的。所以呢？这和宇宙飞船不能飞得更快有什么关系呢？"

"我来解释！这很简单。火箭发动机推动太空舱并使它开始运动。随着太空舱的速度越来越快，同样的火箭，尽管推力和之前的一样大，但效果却变差了。当太空舱几乎以光速飞行时，发动机几乎没有起任何作用。尽管它仍然在一如既往地用力推动。为什么呢？"

格丹想了一会儿。"你的意思是……"她的声音越来越低了。

"说下去。"艾尔伯特叔叔鼓励道。

"你是说太空舱飞得越快就越重吗?"她冒险尝试着回答,"这就像开始推一个记事本,最后推一个写字台?"

艾尔伯特叔叔点点头。

"但为什么太空舱会有那样的表现呢?"她问道,"太空舱有什么特别的吗?"

"它们没有什么特别的。跑得很快的东西一定会变重。不仅太空舱,船上的一切都变重了。"

"一切吗?那我呢?"

"是的。甚至是你。"

"我变重了?

"没错。"

她低头看了看自己的腰。"但我没有发现自己变胖了。"

艾尔伯特叔叔咯咯地笑了。"不,不,这不是'体重增加'的问题。你并没有获得额外的脂肪层或类似的东西。你的身体还是用正常的材料做的。只是你走得越快,它就越难推动你,使你走得更快。"

"可我并没有觉得胖,"她坚持说,"事实上,恰恰相反。

发动机关掉后,我感到了失重。如果没有安全带,我就会像电视上的宇航员一样飘来飘去。"

"啊,那就不一样了。通常我们会被重力拉下来……"

"重力?"

"是的。"艾尔伯特叔叔拿出记事本。"像这样……"他一松手,记事本就掉到了地上。"重力。重力把一切东西都拉下来,比如我们自己。但我们没有像记事本那样掉下来的原因是地球表面在向上推我们……"

"它没有向上推我。"格丹说,她看着自己的脚。因为她坐的椅子对她来说太大了,她的脚不太能碰到地板。

艾尔伯特叔叔笑了。"真的。在你现在的情况下,是椅子的座位推动你的底部,防止你下落。不管怎么说,你之所以感觉自己很重,是因为重力在把你往下拉的同时,也有东西在把你往上推。"

"在宇宙飞船里又有什么不同呢?"

"在那里,你可以自由地飘浮。宇宙飞船的座位没有把你推上去,所以你不会觉得很重。但当有人推你,想让你跑得更快时,那就像推重物一样,你跑得越快,你就越重。"

"这可真奇怪。"格丹喃喃地说,心里想,对她自己来说,不论什么变重了,这次谈话都变得有点沉重了。

艾尔伯特叔叔站起身来，开始收拾杯子。"你该走了。你妈妈会好奇，想知道发生了什么事。至于我，我得仔细思考你的发现。我们需要一个新的科学定律——物体的速度越快，它就变得越重。"

格丹站起来，跟着他进了厨房。她从他手中接过马克杯，开始冲洗。

"为什么这只会发生在我们接近光速的时候？"

"嗯。我想不是这样的。我想这总是会发生的。我们每走得快一点，就好像我们变重了一样。"

"那么，为什么人们以前没有注意到呢？"

"我只能这样认为，在正常的日常生活中——以正常的速度——这种影响太小了，无法被察觉到。"

"那乘坐特快列车呢？"

"不，影响也太小了，根本注意不到。"

"一架超音速飞机？美国的航天飞机？"

"不，甚至那些也不行。但效果还是依然存在的。它肯定是一直都存在的。但只有当你进行了刚才那种太空旅行，而且速度几乎和光速一样快时，它才会变得引人注目。"

"告诉我，叔叔，我变得多重了？"

"嗯，当你以光速的一半速度前进时，你会变重约 5 公斤。那么，当你以十分之九的光速运动时，你的重量将是正常情况下的两倍。到最后……这很难说，当数字显示屏上的读数是很多个 9 时，哪怕你就像白金汉宫一样重，我也不会惊讶。"

"白金汉宫吗？"她睁大眼睛叫道，显得无比惊讶。

艾尔伯特叔叔点点头。"这太令人震惊了！"她深吸了一口气。

她一直走到后门。她吻了吻艾尔伯特叔叔的额头，转身要出去，但又停住了。她突然有了一个想法。

"我说，叔叔，你知道的，我要做的项目是研究追上一束光会怎样。好吧，现在我们都知道我们不能继续下去了，为什么我不写一篇'我们为什么不能追上一束光'的论文？我可以告诉他们所有关于变重的事情。"

"好主意。事实上，这确实是个好主意。"

"一个多么有趣的夜晚呀！"格丹想。

她裹着被子躺在床上。"幸好电视上没播什么好看的节目——也可能有，但我都错过了。"

有那么一会儿，她觉得自己看到了床头灯发出的微弱光线。它们似乎在房间里互相追逐，看谁能先到达另一边。

"在某种程度上，我仍然希望我能赶上那束星光。但是，并不是每个人都能说自己曾经和白金汉宫一样重，不知道我会不会被载入吉尼斯世界纪录？"

她打了个哈欠，伸手关上了灯。"'萝卜'要大吃一惊了，"她想，"可要是他不相信这一切该怎么办……"

她很快就睡着了。

第二章

那只表走慢了，但走得很准

后门响起了铃声。艾尔伯特叔叔停下了手中削土豆皮的工作，把湿手在裤子上擦了擦，然后接通了对讲机。

"啊，早上好，格丹，"他说，"亲爱的，我应该说'生日快乐'吗？"

"谢谢你，叔叔。"格丹回答道，她走了进去，"我没想到您还记得。"

"我不记得吗？我当然记得！虽然我知道自己越来越健忘，但还没有到那么糟糕的程度。我想，我还给你准备了礼物。"

他转过身来，开始在抽屉、橱柜、洗衣篮和冰箱后面四处翻找。似乎过了好多年时间，他才发出胜利的欢呼："啊，它在那儿！"然后他拿出一个薄薄的小包裹，"它被卡在餐柜抽屉的后面了。"

"这是什么？"格丹迫不及待地问。

"你最好打开看看。"

格丹一边迅速撕下漂亮的包装纸，一边想着艾尔伯特叔叔是多么细心体贴地将送给她的礼物包装得这么漂亮。她打开了盒子，里面有一块电子表。

"叔叔！"她高兴地叫道，"你怎么知道这就是我想要的呢？这正是我想要的。你一定会读心术。"

"我不这么认为。我的舌头在我脑袋里，不是吗？"

"这是什么意思？"格丹困惑地问，然后她补充道，"哦，我明白了。你询问过我的爸爸妈妈。"

艾尔伯特叔叔将那块表的时间校正准确，还教她怎么改日期。格丹开心地把手表戴在手腕上。

"它走得很准，"他说，"每个月只会增加或减少几秒钟。"

"为什么表盘上写着'石英'？"

"这正是帮助这块表走时准确的东西。手表的里面有一小块石英晶体。它与一个电路相连，帮助控制手表的运行速度。这与我书房中使用的数字时钟的原理是相同的，"他说，"我发誓，差错从来不会超过几秒钟。"

格丹很激动，给了她叔叔一个大大的拥抱。

"那么，你打算怎么度过这一天呢？"他问，"你怎么没去上学？"

"今天是星期六——你认为我应该去吗？"

"哦，是的，我忘了。"

"我也不知道自己想要干什么。当然，今晚有迪斯科舞会。"

"那是在哪儿呢？"艾尔伯特叔叔问，他转过身，准备回去继续洗水槽里的土豆。

"在家里。"

"在家吗？我真是同情你的爸爸妈妈。"

"他们说他们可能要出去。我也希望他们出去，"她补充道，她看上去有点担心，"如果他们不出去，那就太可怕了。他们会毁了一切的。他们肯定会让我们把音乐调低。不过，"她的声调突然提高了，显得非常开心，"尼克·乔丹说他可能会来。"

"尼克·乔丹吗？他是谁？"

"哦——哦，他只是我们班上的一个男生。"

"只是班上的一个男生？"艾尔伯特叔叔问道，他满脸都写着知道一切的表情。

"好吧，好吧，你知道……"格丹有点尴尬地说，"所有同学都很仰慕他，我问他的时候，他确实说过他会来的，他从来没对任何人说过'好的'。他有一套很棒的迪斯科闪光灯和一大堆唱片——他说他可能会把它们都带来。"

"好吧，让我们祈祷好运吧。"艾尔伯特叔叔一本正经地说。

格丹害羞地笑着说："别取笑我了，叔叔。"

他把平底锅放在炉子上。"好了，我们等会儿就能吃了。所以……今晚的事都安排好了。顺便问一下，项目进展得如何了？"

"我正要说到这一点，"她怀疑地看了看他，"我在想……"

"嗯？"

"嗯，我只是在想——因为今天是我的生日……"

"然后呢？"艾尔伯特叔叔有点不耐烦地问，"继续说下去。"

"嗯，我想知道我是否可以在宇宙飞船里再坐一会儿——就一小会儿，"她补充说，"这可能对项目有帮助。"

"哦？"艾尔伯特叔叔惊叹道，饶有兴趣地追问，"你有什么想法？"

"嗯，我也不太确定，"她犹豫着说，"但这可能会提供些帮助。"

"既然今天是你的生日，生日就是要吃好吃的东西，做自己喜欢做的事情，人们围绕着你狂欢，讨你开心，好像这是他们在这段时间里能够做的最棒的事情。既然你很享受上次的旅行，为什么不能再去一次呢？"

"嗯，我不是那个意思……"格丹有点不好意思地说。

"为什么不呢？这就是我一直认为的生日意义之所在。"他迈步走向自己书房的门，他轻轻地把头一扬，示意格丹跟着他走。"要去哪儿？想去月球旅行吗？"

格丹的眼睛睁大了。"那太奇妙了！"她惊呼道。

"如果你愿意，还可以到那些奇怪的行星上去。"

"好的，谢谢。"她说着，急忙跟在他后面，满面笑容，准备重新登上飞船。

"再过一会儿，我们就要登上月球了。请系好安全带，熄灭香烟，将座椅调直。我们将在这里待半个小时。提醒希望下船的乘客，因为大气缺乏，乘客需要穿着宇航服。"

格丹不理解为什么电脑坚持用这种方式说话。任何人都会认为宇宙飞船上满是旅行团的度假者，而事实上只有格丹一人。

"在飞船右侧的乘客将看到窗外的美国国旗。我们将在美国宇航员几年前到达过的地方附近着陆。"

制动火箭发动机启动了。随着一阵颠簸，引擎熄火了，他们抵达了目的地。

格丹穿着笨重的太空服，怀着极大的兴奋蹒跚地从钢梯上下来，踏上了地面。她站在了月球上！

"真想不到我会在这儿。"她想。

她跳上跳下，对自己能跳这么高感到惊奇不已。然后她想起了电视上宇航员做同样事情的画面，会发生这样的情况是因为月球上的重力比地球上的小。

这时她看见了那辆小车，那辆宇航员进行更深入的探险时使用的月球探测车。格丹想知道它是否还能正常工作。她走过去，爬上了探测车。她看了看仪表盘，上面有一个按钮，上面写着"启动器"。她按了一下，但什么也没发生。然后她把它拉了起来。她立刻感到引擎缓慢地抖动着。令她高兴的是，抖动停下来之后，探测车开始向前行驶。

她如脱缰的野马，四处狂奔，左右转弯，在空中高高跃起，扬起了一团团尘土。

"请乘客们返回宇宙飞船。我们就要出发了。"电脑的声音从她头盔中的某处传来。她想，这一定是无线电连接的。

她回来了。当她重新坐到座位上时，她听到一种奇怪的滑行声。突然，一大块巧克力从电脑电子面板的一个开口中

发射出来，落在了她的膝盖上。

　　"生日快乐，格丹，"电脑说，"我想你可能需要这个。"

　　格丹笑了。"你太好了，电脑先生。"

　　与此同时，宇宙飞船呼啸着升空了，这是它旅程的第二
部分。

接下来，他们访问了火星，一个只有地球一半大小的行星。它看起来像一个满是陨石坑、峡谷和巨大冰盖的荒野之地。猛烈的沙尘暴不断地扫荡着地面。格丹很失望地得知，这里绝对没有火星人。

"真可惜。我以为我会遇到一个火星人。"她说。

他们没有在金星上降落。

"肮脏、可怕的地方，"电脑说，"热得像熔化的铅，表面覆盖着肮脏的黄色酸云。"

他们还把水星从名单上划掉了。

"又一个讨厌的地方，"电脑解释道，"离太阳太近了。如果我们在那里着陆，会被活活烧死的。"

相反，他们前往了巨大的行星——木星和土星。木星很大——直径是地球的十倍。那是一团白色和橙色的旋涡云，它被激烈的闪电照亮。（这使格丹想起了尼克·乔丹的迪斯科布景。）木星至少有 4 个卫星，它们的大小和地球差不多，同时还有一些小得多的卫星。其中一个较大的卫星看起来五彩缤纷，格丹看到好几座火山在猛烈地喷发，喷出炽热的熔岩。

但在所有这些之中，最壮观的是土星，环绕其星球的巨大而扁平的圆环是那么美丽和壮观，格丹始终无法从震惊中平静下来。

"这到底是什么?"她问道。

"灰尘和石头,"电脑回答道,"仅仅只是灰尘和石头。"

她本想去看看剩下的两个行星——天王星和海王星,但电脑说它们太远了,为时半天的旅行是无法到达的,所以他们就转身回家了。

"这太棒了,"当格丹重新回到艾尔伯特叔叔的书房时,她忍不住惊叹道,"我迫不及待地想要把这一切告诉今晚参加迪斯科舞会的所有人。"

"我要是你就不会惹这个麻烦了,"艾尔伯特叔叔说,"他们永远都不会相信你的。"

他们俩都笑了。

"嗯,"她坚持说,"但我必须说,在我们参观过的所有地方中,地球仍然是最适宜居住的地方。"

"完全同意。快走吧,不然你就赶不上吃午餐了。"

格丹看了看壁炉上方壁炉台上的数字时钟。她一脸迷惑。

"叔叔,这就是你跟我说的那个钟吗?那个永远应该保持正确时间的时钟吗?"

"是的。为什么这样问?"

"嗯，这是错误的。如果它没有错，那就是我的表错了。"

"错了？"

"是的。那个钟显示的是两点钟；而我的表显示的是一点差五分。我希望现在不是两点钟，否则妈妈会找我麻烦了。她告诉我，我得一点之前回去。"

"哦，亲爱的，对不起，"艾尔伯特叔叔说，"时间过得真快，我都没有注意到。现在肯定是两点钟了。"

"绝对不可能那么晚。"格丹坚持说。

"如果你愿意的话，我就去确定一下。"艾尔伯特叔叔边说边走到电话旁，拨了拨能自动报时的号码。

"……第三声响的时候正好是2点3分又10秒……嘟……嘟……嘟……第三响。"

"是的，一定是两点钟。"他说。

"这么说是我的表慢了。"格丹不高兴地说。

"但是，"艾尔伯特叔叔开口说，"这个是不可能慢的。它是石英的。来，把它给我。"

他接过手表，把它放在数字时钟旁边，看着这两个数字跳动着。

"不，"他说，"据我目前所观察到的，它们似乎步调一致。把它交给我吧，我来仔细检查。一定是我一开始就把它调错了。"

"不，叔叔。你没有，"格丹说，"你调手表的时候，我注意到了，你确实已经把它调到了正确的时间。"

"我调准了吗？"艾尔伯特叔叔喃喃地说，看上去非常困惑。

"嗯！"格丹给了他一个肯定的回答。

他慢慢踱步到书房的窗前，仰望窗外的天空。"我想知道……我只是想知道……"

"你想知道什么，叔叔？"

"嗯？哦，没什么。"

但格丹知道一定是有什么不对劲的地方。她确信自己察觉到了他的一种新想法正在浮现出来。事实上，她隐约能看到那个思想泡泡又一次出现在了艾尔伯特叔叔的椅子上方。

"你赶快走吧，"他粗暴地说，"你迟到了。告诉你妈妈这是我的错。是的，告诉她都是我的错。我应该认识到……"

"认识到什么？"格丹坚持询问道。

"没什么，"艾尔伯特叔叔坚定地说，"快去吧。但是……"

"但是什么，叔叔？"

他笑了，"但是今天下午要赶回来——我们还有更多的工作要做。"

后门响起了铃声。这是格丹在按门铃。在艾尔伯特叔叔看来，她离开的时间不超过五分钟。

"什么?"艾尔伯特叔叔惊叫道，"你已经吃过午饭了吗?你会消化不良的。"

"我什么也不想错过。"她一边热切地说，一边走进屋子，满怀期待地四下张望。

"好吧，"她说，"我们该怎么办呢?"

"嗯，是这样的，"艾尔伯特叔叔说，"我一直在想……"

"我知道你在思考。"

"今天早晨，你出发进行那趟旅行时，你的速度有多快?"

"不知道。没有注意到这一点。除了在回来的路上，我们那时的速度非常接近限速，因为我知道我必须在 1 点前赶回来。"

"限速?"

"是的，光速……我们不能走得和光一样快。"

"哦，我明白你的意思，"艾尔伯特叔叔笑着说。然后他若有所思地加了一句，"所以你确实接近了光速。我认为你一定这么做了呢。"

"为什么呢？"

"嗯，我们已经发现了，当我们接近光速时会发生一件奇怪的事情……"

"我们会变得更重，我知道。我已经在我的项目报告中把这条记录下来了。所以呢？"

"我想我们找到了别的线索，还有一些特别的东西。"

"什么？"

"与时间有关。"

"时间吗？"格丹皱着眉头重复问道。

"是的，"艾尔伯特叔叔说。他显然开始变得激动起来。"你看，我们都认为时间对每个人都是一样的。当我说某事需要一个小时时，我说的意思和你说某事需要一个小时时是一样的；在地球上的一小时和在太空舱里的一小时是相同的，但也可能不是的。我们并不确定。它们可能是不同的。"

"但那将是可怕的，"格丹抗议道，"我们不能让每个人都有自己的时间。我们不知道我们在哪里。这次将是一个人对应一个时间……"

"而另一个人会是另外一个时间？"艾尔伯特叔叔补充道，"也许对于一个人来说是一点差五分，而对另一个人来说是两点钟?"

格丹怀疑地看着他，"你在跟我开玩笑。你不是认真的吧?"

"哦，我是的，"艾尔伯特叔叔说，"你吃午饭的时候，我看了看你的表，完全没有问题——正如我所想的那样。我重置了它，它仍然和我的时钟一致。"

他把她带进书房，给她看了钟和表。果然，它们是完全相同的。

"嗯……如果你是认真的……如果……" 格丹说，"你想让我做什么呢?"

"我想让你再坐一次宇宙飞船。这次我要你把你的手表留在这儿，把我的电子钟带走。"

她看上去很困惑："这次你要我把钟拿走……而不是我的手表?"

"是的，就是这个意思。这样，我们就可以验证一下，这真的是高速对时间产生的影响，而不是你的手表有什么特别之处。"

"那么，因为这个钟处于高速运动之中，所以这次将会是它走得比手表慢吗?"

"没错。不仅如此，我希望你还带着卧室里的闹钟。它不像其他的钟表，它不依赖石英晶体，它只是……只是一个普通的机械钟。这将确保我们处理的不仅仅是石英和电路之类物质的性质问题。"

艾尔伯特叔叔把手表放在了桌上，他把那两个钟给了格丹。她小心翼翼地抱着它们坐在艾尔伯特叔叔对面。思想泡泡开始在他的头顶上显现，他继续说："这就是我想让你做的：我想让你达到……达到……的速度，比如说，光速的十分之九。然后以这个速度直接巡航到木星。电脑会给你带路。"

"好的。"

"然后，一旦你到达那里，立刻掉头，以和之前一样的速度径直回家——光速的十分之九。别在那边闲荡，你马上就回来。你听明白了吗？"

"听明白了。"

"很好。现在我们都统一认为时间是 2 点 45。是吗？"

"是的，"格丹说，她把她的两个钟上的读数和桌上的手表核对了一下，"2 点 45，准确无误。"

"好的。出发吧，祝你好运。"

一切都按计划进行着。

"完成了！"格丹一回到艾尔伯特叔叔的书房就高声宣布，"任务圆满完成。"

"精彩！"艾尔伯特叔叔笑眯眯地说。

"我就照你说的做了。这是你们的钟。它们的读数都是下午3点25分。到那里只用了20分钟，回来也只用了20分钟。"

"去20分钟，回20分钟，是吗？"艾尔伯特叔叔说，"那么总共是40分钟……你是下午2点45分出发的……所以现在应该是3点25分。对吗？"

他望向书桌上格丹的手表："好吧。你怎么看？"

上面的读数是4点15分！

"但这是不对的，"格丹理直气壮地说，"我知道不可能那么晚。一定是手表走得太快了。今天早上走得太慢，现在又太快了。"

艾尔伯特叔叔站了起来，走到电话旁拨了一个号码，拿起听筒让格丹听。

"第三响的时候，正好是4点15分20秒……嘟……嘟……嘟……第三响……"

"相信了吗？"他问道。

"不，不，我不信！"她挑衅地回答，"你是想告诉我，我已经离开了……嗯，有多长时间？一个半小时。但我没有，这太愚蠢了。我只知道我离开的时间没那么长。这一次我全神贯注，我一直在观察那些钟。如果我离开一个半小时，它们的走速就会只有正常速度的一半——只有它们现在的一半——这太荒谬了。我应该会注意到的，我真的会注意到的，叔叔。我发誓，它们并没有放慢速度。"

"好吧，好吧，格丹，"艾尔伯特叔叔平静地说，"我没有否认你说的任何话。我相信你一定很仔细地看着表，而且我相信你所说的，在你看来，它们表现得非常正常。但当你不在的时候，我也在做同样的事情，我坐在这儿盯着表看。在我看来，它也表现得很正常。"

"那为什么它们最后的读数会不一样呢？"

"嗯，只有一个解释，宇宙飞船上的时间和地球上的时间不一样。这次旅行用了四十分钟的'飞船时间'，一个半小时的'地球时间'。"

"你在说什么？'飞船时间'和'地球时间'？只有一种时间——那就是时间！"

"显然不是这样的。是有两种时间。这次旅行用了地球上一个半小时的时间，而飞船上用的时间大约是地球时间的一半——四十分钟。这就是你刚才帮我发现的。"

"我不明白，"格丹说，她看起来很困惑，"为什么这些钟看起来是正常的，但实际上它们不是的？"

"而且不仅仅是宇宙飞船里的时钟变慢了。宇宙飞船里的一切都在变慢。是时间本身放慢了一切。你的呼吸变慢了，心跳变慢了，你消化吞下的午餐的速度也变慢了，你的思维……"

"我的思维？"

"当然是的，"艾尔伯特叔叔说，"在太空舱里发生的每一件事都会受到宇宙飞船时间的控制，这也包括你思考事情的速度。"

"所以你的意思是，我观察的时钟走得很慢，但同时我的大脑也走得很慢。"

"就是这样的。"

"我的大脑慢下来的速度和我所看到的事物——钟表、呼吸频率等——变慢的速度是一样的吗？"

"是的。你的时钟速度是正常速度的一半，但你是用一个只有正常运转速度一半的大脑来观察它们的——所以一切看起来都很正常。"

"太惊人了！"

他咧嘴一笑。"就是这样的。这对你的项目来说应该很具有启发性，不是吗？"

"嗯，是的！"她回答。

他把表递给她。"你最好收下这个，免得我们忘记了。我将不得不再次重置这些时钟——现在它们又重新开始记录地球时间了。"

格丹戴上了自己的手表。"告诉我，叔叔，这种不同步的事情只会在接近光速时发生吗？"

他想了一会儿。"我想应该不是的。这种事肯定一直在发生。和东西变重一样。"

"这听起来确实很糟糕，"格丹说，"你的意思是说，我们每到一处都要调一下我们的钟表吗？"

艾尔伯特叔叔笑了。"嗯，严格地说，我想是的。但其实没有必要。在正常速度下，我们的时间只会有很小的偏差。"

"多么小？"格丹显然还在担心这个问题。

"多么小？"艾尔伯特叔叔回答，"嗯，让我想想。"

他从废纸篓里掏出一个旧信封，开始在背面计算，还一直自言自语："……光速的十分之九……一个半小时……四十分钟……时速六十英里每小时的火车……"

"就这么多了，"他最终宣布，"是的，我想，如果我们有一个火车司机，在他的职业生涯中，每天都要开火车往返于伦敦和格拉斯哥之间，那就是他的职责——比方说 40 年吧。然后，当他退休的时候，他可能就已经和自己待在家里的妻子步调不一致了——哦，我想说大约是百万分之一秒。"

"这是全部吗？但这几乎没什么。"格丹说。

"嗯，也不是什么都没有。这不值得担心，我同意。但知道它的存在还是很有趣的。"

格丹点了点头，"如果我的速度非常接近光速会怎么样？你知道的，我的速度是光速的十分之九——这就把物体的时间流逝降低了一半——好吧，假设我接近了限制速度——非常非常接近？"

艾尔伯特叔叔看着她，好像在说："好吧，继续吧。那将会发生什么呢？"

她想了一会儿，然后迟疑地问道："一切都会完全停下来吗？"

她叔叔咧开嘴笑了。他得意扬扬地在空中挥拳，然后给了她一个可爱的熊抱。

"你真是让我骄傲！你学得很快。这正是我认为会发生的事情。"

格丹非常高兴。她开始亲身体验有大想法是什么感觉。这很有趣。

"告诉我，叔叔，我会永远活着吗？"她问道。

"是的，"艾尔伯特叔叔谨慎地说，"就地球时间而言，你将永远活着……"

"多么美妙！"

"啊，等一下。这并不是说你就能意识到这点。注意，你的思考过程可能就会停止，你不会知道自己是永生的。"

"哦，真烦人，"她烦恼地说，"这里面肯定有蹊跷，那么变年轻呢？我能回到过去，再次变成一个婴儿吗？那将会很有趣……"

"哦，不。那不行，"艾尔伯特叔叔坚定地说，"人们能做的最多就是减缓衰老的速度。人总是会变老。通过太空旅行来变年轻是不可能的。"

"但是叔叔，这是不是意味着，如果我们把我妈妈送入一次漫长的太空旅行中——非常非常漫长——她以接近光速的速度旅行，所以她并没有变老，而我留在地球上，一直过生日，就像今天一样，那么我最终会比她还要老吗？"

"是的，这是正确的。你希望这样吗？那她就很难责备你了，不是吗？"他们都笑了。

"说起生日，"他接着说，"你知道发生了什么事，对吧？"

"什么？"

"你错过了你生日的一部分——因为你踏上了那段旅程。"

"为什么?"

"好吧,你那四十分钟的旅行却足足耽误了你宝贵的生日一个半小时。"

"这确实是的,"格丹说,"嘿,这不公平。作为一种补偿,我的生日理应在午夜之后才结束。"

"反正你还有迪斯科舞会,所以这很可能会发生,"艾尔伯特叔叔说,"你赶快走吧。"

她亲了他一下:"这可能是我度过的最短的生日,但却是最棒的。谢谢你。"

"祝你今晚玩得愉快。"当她沿着花园小径走去时,他对她喊道,然后又对她眨了眨眼,"我要为神秘人祈祷。"

第三章
变扁的宇宙飞船

"有人在家吗？"格丹喊道。

"谁在那儿？"艾尔伯特叔叔喊道。

"是我。你在哪里？"

"在书房里"。

那是一个星期天的清晨。格丹发现艾尔伯特叔叔在摆弄电视机顶上的天线，她加入了艾尔伯特叔叔的行列。他似乎在把它排成一行。但他没有打开电视，所以她不知道他怎么知道自己什么时候能够得到最好的屏幕效果。

"没想到这么快就再见到你了，"艾尔伯特叔叔说，"我还以为你会睡个懒觉，来抵消昨晚的后遗症呢。"

"嗯。"格丹哼了一声。

艾尔伯特叔叔抬起头来。"有什么事吗？难道迪斯科舞会不成功吗？"

她耸耸肩。"还不错——我想。但还是被爸爸妈妈搞砸了。他们回来得太早了。他们一进来就开始对吵闹声表示不满，并说邻居会投诉的。这不是公平的。邻居们并没有抱怨什么。不管怎样，并不是很吵。我真是太尴尬了。艾里逊的迪斯科舞会不是那样的，她的父母没有在家里对小事情大惊小怪的……"

"哎！"艾尔伯特叔叔打断了她的话。"别拿我出气。那不是我的错。"

"嗯，这不公平。那天是我的生日。一年中那么特殊的一天。你可能会想，这只不过是微不足道的一天……"

"省省吧！你让我头疼。"

格丹停了下来。"抱歉。哦，你知道的。那两个史前的人类。"

"我不太喜欢这个说法。你父亲是我弟弟。如果他是史前时代的遗留物，那我不知道我应该是什么。"

"哦，你是不同的。你的行为和你的年龄不相符。"

"我也不知道我应该如何接受你的这种说法，"艾尔伯特叔叔笑着说，"不管怎么说，你的那个好朋友也在那儿吗？"

"尼克？是的。这是最糟糕的部分。在被他们破坏之前，我们相处得非常好。现在他再也不会约我出去玩了。我真的很生气……"

"是的，是的，我知道了。我们换个话题吧。"

"唉，父母有时是很糟糕的，而且……"

"格丹！"

"对不起。"

"你把心思放在别的事情上怎么样——比如帮我一把？"

"你在干什么？"

"在一分钟内，我将进行一些思考——把思想泡泡找回来。我要你站到那边去，"他含糊地指着窗户说，"在你能看到泡泡和这天线的地方。告诉我天线是否指向泡泡。"

"这是什么呢？"格丹问，她走到窗口，开始觉得很有兴趣。

"对这个项目有帮助的东西，"他说着，在扶手椅上坐了下来，"你一定要看着泡泡。"

他闭上眼睛。过了一会儿，那个泡泡出现了，它在他的头上盘旋。

"天线指的方向不对，"格丹说，"连泡泡的顶部都没指到。"

"那就改变一下天线的位置。"艾尔伯特叔叔轻声说，他尽量不让自己分心。

格丹照做了。"好多了，"她说，"现在它正对着泡泡呢。"

"太棒了！"

"但是到底发生了什么？"

艾尔伯特叔叔睁开了眼睛。"好吧，"他说，"我今天早上醒得很早——无法入睡——想着昨天的事和我们的发现——你知道，宇宙飞船的时间比地球的时间慢——诸如此类的。我突然想到，如果能亲眼见证它的发生，那一定很有趣——而不是等到你回来，然后根据你钟表上的读数来计算。所以我想我们可以尝试一下，"他指着天线说，"谁知道呢，我也许能从思想泡泡中捕捉到一张图片，然后用录像机录下来，我们就能回放了。这样，当你飞过我身边的时候，我们就能看到宇宙飞船里发生的事情——从我在地球上的角度来看——同时也能听到你对自己在宇宙飞船里真实感受的表述。"

"那又有什么用呢？"

"好吧，录像机会以慢速记录宇宙飞船里发生的一切——尽管你告诉我你实际上感觉很正常。"

"你是说这会像一部慢动作电影？"

"是的。诸如此类的事情。"

"我回来时也能看到它吗?"

"是的——如果它行得通的话。"

"听起来不错,"格丹说,"我什么时候可以出发呢?"

"现在怎么样?"

当她回来时,她迫不及待地想看到最新实验的结果。艾尔伯特叔叔按下了录像机上的倒带按钮,他们焦急地等着看这个主意是否可行。等不及它回到开始,他按停录像带并按下播放按钮。

"成功了！"格丹喊道，这张照片显示了宇宙飞船内部的情况，"嘿，这真的行得通。"

他们急切地观看着，高兴地看到宇宙飞船里发生的一切似乎都被放慢了速度。控制面板上的灯缓慢地忽明忽暗，玻璃窗旁时钟上的秒针缓慢地转动着。

"太了不起了！"格丹猛吸一口气，"天哪，真是令人难以置信！那些灯——时钟——看它们有多慢——当时它们看起来完全正常。看，叔叔。等一下我要挥手了。"

果然，他们看到格丹慢慢地在头顶挥舞着手臂，做着鬼脸，就像观看足球比赛的人，他们以为电视摄像机正对着他们——直到她的手碰到了座位正上方的灯。

"啊，"格丹大叫起来，"你看见了吗，叔叔？我刚刚撞到了手。看我揉得多慢。就像一场梦。你知道，叔叔，那种梦，一切都是慢慢发生的。"

"你在跑，但你跑不快。事实上，"她补充道，"我撞到的地方还在疼。看到了吗？它是红色的。"

她向他伸出手腕，但他仍然盯着屏幕，心不在焉地轻轻摸了一下，表示安慰。然后他伸出手，按下了暂停键，然后向后靠在椅子上，双手扣在后脑勺上，看上去若有所思的样子。

沉默了一会儿，格丹问道："你高兴吗，叔叔？一切都如你所愿，你高兴吗？"

"你指的什么？"艾尔伯特叔叔疑惑地回答。

"嗯，是的。你说过一切看上去都会慢下来，事实也确实如此。"

"我没想过这个。你还注意到别的什么异常吗？"

"异常情况吗？"格丹困惑地问，"这倒不算是异常的事情，那就是这个画面显然有问题。但除此之外……"

"有问题？"

"嗯，是的。画面全被压扁了。这是扭曲的。宇宙飞船看起来像是撞上了一堵砖墙，然后……嗯……变扁了。我看起来蛮瘦的，我可没那么瘦。"

"我知道画面看起来扭曲了，"艾尔伯特叔叔也表示同意，"但我不认为是那样的。不是电视机的毛病，不是录像机的毛病，也不是天线的毛病。"

"但问题一定是存在的。"格丹坚持说。

"不，不，我肯定那不是因为这引起的，"艾尔伯特叔叔说，"好吧，让我们回到最开始。"

这次他把录像带倒回到最开始的地方。

"好了，"当画面出现时，他说，"这就是你出发之前的画面。当飞船静止不动时，一切看起来都很正常，只是当飞船高速飞行时……就像现在这样……一切都变扁了。这绝对不是图像的错。我们看到的是一个真实的景象。宇宙飞船确实被压扁了！"

"但是……"格丹结结巴巴地说，"这太疯狂了。我从没见过这样的事情。我真的没见过，叔叔。我应该察觉到……"

"不，你不会。你不会看到任何变化——因为你自己也被压扁了。你的眼球被压扁了。它改变形状的方式和宇宙飞船的改变方式一样。所以在你看来一切都很正常。"

"那是愚蠢的！我不相信这一点。"格丹断然宣称，"我真的不相信。我不可能被压扁。我会注意到的。你不会真指望我相信自己被压扁——而我自己一点感觉都没有吧？这会从一开始就把我身上的每根骨头都折断。"

"不，不会的，"艾尔伯特叔叔温和地回答，"我们在这里谈论的不是那种挤压。被挤压的是空间本身。飞船上的空间已经沿着飞船移动的方向被挤压了——所有的空间，物体之间的空白空间，以及物体——你的骨头、血液、肌肉、皮肤——一切东西所占的空间。不，亲爱的，这是一种特殊的挤压；你一点感觉都没有。"

"我仍然认为这很愚蠢。"

"好吧，在我看来就是这样的。"

"更重要的是，我会证明的，"格丹说，她坐起来，环顾四周。"你有尺子吗？"

"一把尺子吗？你想要一把尺子做什么？"

"我会向你展示的。你有吗？"

"桌子上应该有一把。但我看不出……"

"好吧，"格丹一边说着，一边拿着尺子坐了下来，"请再把我传送上去。"

"目的是什么呢？"

"你会明白的。"

"你先告诉我你要干什么。"艾尔伯特叔叔坚持道。

"我要去测量宇宙飞船的长度。我要在离开之前测量清楚，等我高速飞行时再测量一次。我敢和你打赌，不管怎样，测量结果都是一样的。"

"我也相信结果是一样的。"

"这样我就能证明……"她停了下来，"你说什么？"

"我说，我同意你的话。如果你在旅行前和旅途中测量飞船的长度，你会得到相同的结果。"

"那就对了……"，她犹豫地说，"那就是这样的。长度不会变的。"

"错了。长度确实改变了。"

她一屁股坐回椅子上，"我不明白。"

"哦，来吧，格丹，想想看。你在起飞前测量机舱的长度，得到一个数值——假设是 300 英尺。换句话说，你把自己的一 步当作测量标尺首尾相连 300 次才能从船舱的前部到达后部，对吧？"

"是的。"格丹生气地回答。

"然后当你加速到一定速度的时候，你再做一次同样的事情。"

"是的。"

"那好吧。现在从我的角度来看，当这一切发生的时候，我在电视屏幕上会看到什么呢？当你达到一定速度的时候，这个屏幕上的尺子会有多大呢？"

格丹的脸阴沉下来。"哦，我明白了，"她说，"尺子收缩了。"

"就是这样的。它收缩了。一把变成其正常长度一半的尺子同样需要放置 300 次，才能测量完同样收缩到其正常长度一半的船舱。"

格丹看起来很不高兴。"叔叔……"她开口说道。

"嗯，我亲爱的?"

"哦，没什么。"

"你刚才想说什么?"

"没什么。"

"说吧，怎么了?"艾尔伯特叔叔说。

"嗯。只是……我的项目……"

"你的项目怎么样了?"

"我开始考虑自己是否做了超出自己能力所及的事情。也许我应该选个简单点的。"

"你是说无聊点的东西!"艾尔伯特叔叔说，他的眼里闪着光。

她笑了。"这对你来说没什么，"她说，"我才是会在课堂上出丑的那个人呢。达雷尔·柯蒂斯已经在取笑我了，他告诉我说，这只是科幻小说，都是我编的，而且科学是男生的，不是女生的，还有……"

"嘿，别着急，"艾尔伯特叔叔安慰道，"这个叫什么达雷尔的，他到底是谁?"

"他非常可怕。他是全校最坏的男生，他上课就坐在我后面。他总是针对我……"

"好吧，你可以替我转告他，我们的发现绝对不是虚构的。这是真实的。"

"是的，叔叔。我知道。但这令人担忧。如果我不把这事做完，我会看起来像个十足的白痴。一开始进展得很顺利。我伪装得很好……我必须向你表明……现在一切都变得复杂多了。别误会我。我很享受这一切，太空旅行什么的。但有时……"

"一块橡皮。"艾尔伯特叔叔若有所思地说。

"什么？"

"一块橡皮。一个橡皮擦。我桌上有一个，你刚才看到了吗？"

"不知道。你想擦掉什么？你什么也没写。"

"不，我不是为了这个目的才需要它的。你去找找看好吗？"

格丹回到桌子前，在钢笔和铅笔堆里翻找着，最后终于找到了一个。

"噢，既然你在那儿的话，再给我一支圆珠笔，"艾尔伯特叔叔又加了一句。她把它们拿给他，接着，他在那块橡皮的平面上画了一幅宇宙飞船的图案。在完成之后，他用手指使劲地捏橡皮，这样橡皮就沿着火箭指向的方向被压扁了。

格丹的脸上露出了灿烂的笑容。

"哦，我明白了，"她说，脸上露出了喜色。她拿起橡皮，自己把它压扁了。"一切都被压扁了。所以它们仍然相互吻合，是的，这就说得通了，我想的话。"

她停了一会儿，又接着说，"那正常速度时呢？这种挤压一直都有吗？不要告诉我。让我猜猜……是的！"她试探着说，"它一直都有……但在正常速度下，它太小了，以至于无法被发现？"

艾尔伯特叔叔点点头。

"真的吗？"她说，"这太奇妙了。到处行走的公共汽车、小汽车和自行车都被压扁了。多么有趣的想法。如果宇宙飞船以接近光速的速度飞行会发生什么？"她犹豫了一下，"会不会一切都是平的——就像会飞的煎饼？"

"是的，绝对的。宇宙飞船会几乎没有厚度，而你还在里面……"

"却一点感觉也没有！"

"你真是令我自豪！"艾尔伯特叔叔喊道，他高兴地挥舞着拳头，"我自己也说不出比这更好的解释了。"

格丹心里想，他看上去是那么幸福——笑得像个兴奋的小学生。

　　"做个科学家一定很棒——脑子里整天都是奇思妙想,叔叔。但人们真的会为此付钱给你吗?"

第四章

太阳、石头和巨大的能量

扑通……扑通……

大约一星期后的一个晴朗的下午，艾尔伯特叔叔和格丹在运河边散步，那是他们经常去散步的地方。

格丹时不时地向水中扔一颗小石子……扑通……她看着水中荡漾起的涟漪。

艾尔伯特叔叔仰面躺着，用草帽遮住了脸，避免太阳照射自己的眼睛。

"你想看看我的项目报告吗？"格丹问，"我把它带来了。"她停顿了一下，期待着，"我想你会想看看进展得如何。"

"什么进展得怎么样了？"艾尔伯特叔叔恍恍惚惚地问。

"我的项目。我学校的项目。我把我们的发现记录下来了。"

"哦。"

她等待着，"嗯？"

"'嗯'什么？"

"哦，算了吧。"

艾尔伯特叔叔慢慢坐了起来。"对不起，"他说，"我不是故意无礼的。这都怪太阳，它总能让我完全放松下来。"

"我可以改天再给你看。"

"不，不，"艾尔伯特叔叔说，"我们现在就看。"

她看起来有点紧张。"里面也许有些错误。"她一边说一边从学校公文包里拿出一个深绿色的文件夹。她把它递给了他。

"我喜欢这个封面。"他说。

封面上有一艘宇宙飞船、一个时钟和一把尺子，还有标题《艾尔伯特叔叔的时间和空间》。

他接着说："虽然还不太确定项目名称，但我想你应该称它为'格丹和艾尔伯特叔叔的时间和空间'。你发现的和我所了解的一样多。"

"啊，叔叔，其实没有。"她回答，脸有点儿红。

"是的，肯定的，"艾尔伯特叔叔坚持说，"如果不是你踏上了太空之旅，我根本就不可能发现这一切的。"

"不管怎样，如果这样标题就太长了。它不合适。"

他打开文件夹，非常仔细地阅读了一遍。当他看到格丹在一块橡皮上画了一张极其削瘦的脸时，他笑了。当你拉橡皮时，这张脸就拉长了——而且存在变得像艾尔伯特叔叔自己的脸的嫌疑！

　　最后，他合上文件夹，还给了格丹。"很好，格丹。这一切都进展得非常顺利。"

　　"你是说真的吗？你不会只是说说吧？"

　　"不。我是认真的。这个非常棒。"

　　"那么……有错误吗？"

　　"没有。你把事情解释得很清楚。"

　　"唔。"她看上去松了一口气。

　　"提醒你，有些地方的拼写不太清楚，"他一边说一边躺下了，重新用帽子盖住脸。格丹继续往水中扔石头。

　　扑通……扑通……

　　"艾里逊的项目也进展得很顺利。她在做恐龙的项目。美术老师辛普森小姐说她能在下星期的陶艺课上做一些泥制的模型。弗朗西斯·亚历山德拉一如既往地炫耀，不停地说她的火山。我不明白，她真的很笨，但她的火山研究文件报告还不错。我想这是有人帮她做的。"

　　她看着他。"叔叔，你在听吗？"

“是的。”

“嗯，我一直在思考。”

“好的，”他打了个哈欠，“所有这一切都归功于人们的思考。”

“我是认真的，叔叔。”

“对不起，请继续。”

"嗯，关于第一次太空旅行，有几件事我不明白，"她继续说，"你知道我是怎么变胖的吗？嗯，你还没告诉我到底是什么让我变重了。毕竟，你说过我还是用和以前完全一样的材料做的——我身上没有变多了的脂肪层，或者类似的东西。所以我看不出区别来自哪里。为什么移动的物体比静止的物体重？"

她的问题引起了沉默。她等待着。然后她俯下身来，对他耳语道：

"叔叔，你听见我说的话了吗？你睡着了吗？"

"啊！不，不！"艾尔伯特叔叔说，他振作起来。他脱下帽子，重新坐了起来。他环顾四周，好像在寻找什么东西。

"你把什么弄丢了吗？"格丹问。

"什么也没有弄丢。我只是想找几块石头。你能给我找两块大小差不多的鹅卵石吗？"

格丹在她脚边的石头中四处搜寻。

"这样的行吗？"她问道，手中拿着一对石头。

"是的，它们差不多是一样的吗？"

"是的。"

"那么好吧。看仔细了。"

说着，他把一块石头放在手掌里，懒洋洋地扔进了身边的运河里。

扑通一声，涟漪轻轻地向外扩散。

"好吧，"艾尔伯特叔叔说，"如果我把另一块扔进水里会发生什么？"

格丹暂停了一下。

"嗯，这是显而易见的。这会溅起水花的。"

"溅起多大的水花？"

"当然和以前一样了。"

令格丹吃惊的是，他把手臂缩回来，用尽全力把石头扔进了附近的水里。

水花飞溅！水溅得到处都是，弄湿了他们的衣服。

"哦，叔叔！"格丹生气地喊道，她跳了起来，抖了抖身体。"看看你都干了些什么。真是太愚蠢了！"

"这只是说明我的观点，"他调皮地回答，"你说溅起的水花和以前的一样。"

"是的，但我不知道你会这样做。"她抗议，"所有人都知道，如果你扔得更用力，溅起的水花就会更大。"

她不再擦牛仔裤，又坐了下来。

"对不起，"艾尔伯特叔叔说，"其实我也没料到它会溅得到处都是。我不知道自己用了多大的力。说实话，我想，"他说，他痛苦地摸着自己的肩膀，"我想我拉伤了一块肌肉。"

"太棒了！这是你的报应。"

"不管怎样，"当他们再次安坐下来时，艾尔伯特叔叔说，"我想说的是，我们有两块石头，它们是相同的，它们含有相同数量的物质，相同的东西。然而，一个激起了很大的水花，另一个激起的水花却很小。区别是什么呢？能量。一个比另一个有更多的能量——这就是为什么它制造了更大的干扰。"

"就像达雷尔·柯蒂斯。"

"达雷尔·柯蒂斯？他跟这事有什么关系？"

"他总是在课堂上捣乱。他能量过剩。我听老师们说过，这就是他为什么这么令人讨厌的原因。"

"嗯。好吧，我对那个孩子一无所知，"艾尔伯特叔叔说，然后他又补充道，"其实，仔细想想，我觉得有点像那样。是的，你可能会有一对同卵双胞胎男孩，一个精力充沛，总是跑来跑去地踢足球，而另一个总是四肢伸开地躺在电视机前无所事事。是的，有点像那样。不管怎么说，"他接着说，"我刚才还在谈论那些石头，一块比另一块更有活力。你觉得这是为什么呢？"

"当然是因为你扔得更用力了,另一块你只是轻轻地甩出去了。"格丹说。

"正是这样。所以你推得越用力,你给它的能量就越多。我把第二块石头推回到这里——哎哟!"他喊道,同时又在试图做扔东西的动作,"我的身体被拉伤了。"

"可怜的叔叔,"格丹安慰道,但她几乎忍不住咯咯地笑了起来,"让我来帮你揉揉。"

她蹲在他身后,开始轻轻地按摩他的肩膀。

"高一点……啊!就是这样。这就好多了,"他说,"现在,我说到哪儿了?哦,是的。我说的是,对于第二块石头,我推了它,所以它移动了更长的距离,这就是为什么它获得了比第一块石头更多的能量。"

"是的,叔叔,但这和东西变重有什么关系呢?"

"我正在试图解释清楚。你之前说你看不出静止的物体和运动的物体有什么不同。这是有区别的。当它运动时,它获得了能量。它更重的原因是能量本身很重。"

"能量很重?"格丹迷惑不解地说。

"是的,"艾尔伯特叔叔回答,"这就是我们的发现。一切都有重量。桌子、椅子、流行唱片、布丁——每样东西都很重,这取决于里面放了多少东西。一张桌子比一个布丁重,因为我们需要更多的物质、更多的东西来制作一张桌子。这点每个人都知道。我们的新发现是，能量也是重的。一个在空中飞行的布丁会有能量，所以它会比在盘子里静止的布丁重。同样的道理也适用于你的太空舱，它运动得越快，能量就越多，重量也就越重。"

格丹兴奋起来。"你是说，当火箭推动太空舱时，尽管由于极限速度，它并没有变得更快，但火箭仍在给太空舱提供越来越多的能量？它得到的能量越多……"

"完全正确！它变得越重，"艾尔伯特叔叔说，"这是正确的。你不可能在得到额外的能量的同时又不增加额外的重量。"

"啊。一切都开始明朗了。"

她不再帮他揉肩膀，又坐了下来。

"谢谢你，格丹，现在感觉好多了。我真的必须停止做傻事了。我太老了，不适合做这样的大动作了。"

"好吧，我希望你不要停止你的科学研究。这里有太多无聊的大人了。"

他咯咯地笑了。

"叔叔。"她过了一会儿说。

"嗯？"

"每当我们有了能量，我们就有了重量——与能量相伴而生的重量。对吧？"

"正确。"

"那你告诉我，"她若有所思地看着自己捡起的一块小石头，说，"这样说对吗？每当物体有重量时，它也一定有能量。"

"你再说一遍。"艾尔伯特叔叔盯着她说。

"这块石头很沉，对吧？它重是因为里面的东西。那么，这些东西的重量是从哪里来的呢？它也是来自能量吗？这里面有能量吗？"她指着那块石头问道。

艾尔伯特叔叔苦苦思索了很久，然后他笑着说："你知道吗，格丹，有时候我为你——我的小侄女感到非常骄傲。"

他从她手中接过石头，凑近仔细地看了看。"是的，你一定是对的。这里面一定有能量，而这块石头的重量是由它里面的能量决定的。重量和能量——它们必须永远相伴，两者缺一不可。"

格丹说："但它没有移动。我以为只有运动的东西才能有能量。"

"不，不总是这样的。能量就是有能力做事。你不一定需要移动才能做一些事情。比如说，一块煤。"

"你这是什么意思?"

"嗯,一块煤不移动也能做很多事情,难道不是吗?"

"你是说把一壶水烧开?"

"是的,还能让蒸汽火车跑起来。煤包含能量,不是运动的能量,而是一种'被封印'的能量。只要你愿意,这种能量就可以转化为运动的能量。"

"但那石头不是煤,"格丹说,"你是说它也有被锁住的能量?"

"是的。我们周围的一切都有一种被封印了的能量。"

"那里面有多少呢?"她指着那块石头问道。

艾尔伯特叔叔皱起眉头,抚摸着自己的胡子——这明确表示他在进行心算。过了一会儿,他宣布:"我想说——大约相当于5万桶石油。"

她一脸迷惑。

"价值100万英镑的石油。"他补充道。

"那块石头!"格丹惊呼道。

"没错。"

"价值100万英镑?"

"昰的。"

"在其他石头里也有吗?"

"当然。"

"难以置信，"她屏住呼吸。然后她的眼睛亮了起来，"叔叔，我们发财了！我们所要做的就是从石头、泥土和一切东西中提取能量，然后将它卖掉……"

"现在，等一下，等一下，"艾尔伯特叔叔说，"这可没那么容易。因为里面有能量并不意味着我们可以把它提取出来。煤、木头、稻草，是的，我们能够通过燃烧这些东西得到一点点能量。在天上的太阳中，"他说着，眯着眼睛往上看，"在那里，你会经历一个过程，在这个过程中会释放出更多的能量，这就是太阳为什么这么热的原因。但大多数东西中的大部分能量都会被一直封印起来。"

"讨厌！"格丹生气地说，"这里面肯定有什么圈套。"

"嗯，那我可不知道，"艾尔伯特叔叔说，"幸好它是被封印起来的。"

"为什么？难道你不想发财吗？"

"亲爱的，如果被封印的能量很容易就能爆发出来的话，那我们现在等于是坐在一个巨大的炸弹上面。"他拍着自己屁股下面的地面说。

格丹紧张地环顾四周："我不太喜欢这个声音。"

"是的，我也不喜欢。"他说。

艾尔伯特叔叔脸上露出不安的神色——似乎陷入了不愉快的沉思之中。但她还没来得及问他，他就躺了下来，用帽子遮住了脸，说道："你不是还有件事情要问我吗？"

"什么事呢？"格丹看上去满脸疑惑。

"跟你第一次的旅行有关。你说有两件事困扰着你。"

"哦，是的。是的，还有一件事。你知道，当我追逐那束光的时候，我不知道自己是否告诉过你，那光束似乎总是以同样的速度远离我。即使当我接近光速的时候，它看起来也好像是在以与先前一样快的速度离开我。现在我认为那是错误的。如果我真的跑得那么快，我几乎能跟上它的速度。我本以为它看起来会行进得慢得多。你知道，当你在一辆车里，有另一辆车在前面开得更快，然后非常慢地远离你……"

"你确定吗？"艾尔伯特叔叔问道。

"嗯，是的。前面那辆车……"

"不，不，我不是指那辆车，我指的是光束。你说过它正在以同样的速度远离你——甚至在你最后达到最高速度的时候。"

"嗯，是的，"格丹有点不确定地回答，"至少，我相当肯定事情就是如那般发生的。"

"嗯。非常好奇……你说它总是以同样的速度离开你?"

"是的。"

"有意思……"

格丹等待……等待着……

但是从帽子下传来的轻柔鼾声表明艾尔伯特叔叔已经睡着了。

第五章
如何从势均力敌中获胜

叮叮……叮叮……叮叮……

格丹拿起电话。"您好。"

"你好,是格丹吗?"电话那头有个急促的声音响起。

"是的。叔叔?你还好吗?你的肩膀怎么样了?"

"哦,有点僵硬,不过还行。"

"你想和妈妈说话吗?"

"不,不。我想要和你通话。我想你刚从学校回来吧?"

"没错。"

"你今晚有很多作业吗?"

"不算很多。嗯……不用明天就交。有什么事吗?"

"好吧,喝完茶你能马上过来吗?"

格丹笑了。"哦,亲爱的,可怜的叔叔。你的肩膀一定很痛。要我再帮你揉一下吗？我把你昨天做的事告诉了妈妈，她说你应该好好用药膏揉一下。我会把它带过去的……"

"不，不，别大惊小怪的，"艾尔伯特叔叔说。"不，是更重要的事。就是你昨天说的，那束光永远以同样的速度远离你。你喝完茶就过来坐坐。我觉得你说对了。但是你喝茶不要太快，我这个毛病已经被你的妈妈和爸爸嫌弃了。"

半小时后，格丹来了。

"对不起，我来晚了，"她气喘吁吁地说，"轮到我洗碗了。他们花了很长时间才吃完。我甚至都以为他们永远都吃不完了。我以最快的速度赶来了——几乎是光速。"

"好，"艾尔伯特叔叔说，"到书房来吧，我会把你传送过去。"

"你想让我做什么？"

"你到达的时候，电脑就会给你指令。"

"欢迎登船，船长，"电脑嗡嗡地说，"我一直在等你呢。"

"回来真好，"格丹快活地回答，"艾尔伯特叔叔说你会告诉我他要我做什么。"

"是这样的。"

"嘿，这是怎么回事？"她一边问，一边走向一些以前没见过的新设备。

"手电筒，"电脑说，"只有一对手电筒，一个指向驾驶舱的前面，另一个指向驾驶舱的后面。"

她弯下腰仔细查看。

"小心！"电脑喊道，"不要碰触！"

格丹吓了一跳，往后退了几步。

"对不起，"电脑抱歉地补充道，"我本不打算叫喊的。只是那些灯已经被设置好了，它们不能被干扰。艾尔伯特叔叔对这一点很挑剔。他说它们必须精准地处于正中间的位置。"

"为什么？为什么它们要精准地位于正中间？有什么特别的原因吗？"格丹问。

"不知道，"电脑说，"但这也不是什么新鲜事。"它补充道。

"我还以为你知道呢。"

"我本应该知道的。但他从来不告诉我他在干什么。"

"从不吗？"

"从不。"

"哦。"格丹惊讶地说。

过了一会儿，她说："你不觉得……有点无聊？你知道的……只是为他解决问题，却不知道自己为什么要这么做？"

"当然。但他就是这样的人。科学家都这样。他们把我们当作——机器。他们不会想到我们这些电脑也会对自己的工作感兴趣，因为他们所做的一切就是给我们下一大堆指令，做这个、做那个、做另一个。一条接一条的指令，却没有一个解释。我一直在思考这是为什么？这一切的目的是什么？他们为什么不直接告诉我们是怎么回事——这样我们就可以为自己的工作感到骄傲了。如果答案是错的呢？哈！然后他们咒骂我们，他们指责我们。实际上这从来都不是我们的错——嗯，几乎从来都不是——总是他们的错；他们的程序总是出错。"

格丹开始为电脑感到难过。她之前没有意识到它可能也有感情。当它继续自言自语时，她为自己之前认为它很自负而感到不安。她现在明白了，当它第一次带她参观宇宙飞船时，当它带她游览月球和其他行星时，它只是以自己的工作为荣。

因为电脑还在不断发着牢骚，她开始担心它不会停下来，所以她决定改变话题。她轻轻咳了一下。

"嗯哼。我不想打断你，但我一直想问，你叫什么名字？我无法继续和你谈话，除非……"

"我没有。"电脑突然打断了格丹的话。

"哦，"格丹被这突如其来的回答吓了一跳，"但我以为所有的电脑都有名字，"她接着说，"名字由单词的首字母组成，这告诉你它的作用以及它的用途。"

"嗯，我不喜欢。"

格丹觉得很尴尬。她显然提起了一个敏感的话题。

"提醒你，"电脑说，"我想他确实试过了。"

"谁？"

"艾尔伯特叔叔。他想给我起个名字——一个聪明的名字。但是他没做到。他不太擅长这种事。他很生气，所以干脆就放弃了。"

格丹又一次为电脑感到难过。她想了一会儿，然后决定试着让它高兴起来。

"好吧，如果你愿意……我的意思是，我可以试着给你想一个好听的名字。"

"你会吗？"电脑回答，很明显他非常感动。

"是的。"

"你真好！真是太好了！不需要什么特别的东西……只是一个名字。"

"好吧，我看看我能做些什么。你是男孩还是女孩？"

"我不知道，"电脑说，又顽皮地加了一句，"你说我怎么知道呢？"

  格丹听了这个回答很想笑一笑，但她觉得电脑开始变得有点顽皮了，于是就简单地说："我就当你是个男孩好了。你的声音听起来像男孩的声音。"

  说完，她满怀期待地环顾四周。

  "不管怎样，"她接着说，"我们应该做什么？"

  "哎呀，"电脑答道，"我们该继续干咱们的活了。在灯的旁边有一个带开关的盒子。看到了吗？"

  "是的。"

  "把它调到 ON 的位置，好吗？"

  当她这样做的时候，每一盏灯都发出了短暂的闪光。两束微弱的光束一束在前面，一束在后。

"看谁快……看谁快……"它们尖声傻笑着喊道。然后，它们撞到驾驶室的墙上时，发出"哦"的一声，就消失了。

马上，另一对光束从灯里发射出来。这对光束同时发出，然后同时到达了船舱前后两端的墙壁。

"现在该做什么？"格丹问。

"好了，就这样了。"电脑说。

"'就这样'是什么意思？"

"正如我所说的，艾尔伯特叔叔只是想让你检查一下光束什么时候能到达船舱的尽头。这是一种竞赛。他要你来判断哪束光先到。"

格丹看上去很困惑。"但很明显。势均力敌。它们同时到达那里——它们必须——因为它们都以同样的速度——光速前进，灯在船舱中央，所以它们经过的距离是一样的。它们必须同时到达。这不需要任何人来检查。"

"嗯，这听起来非常合乎逻辑，"电脑表示同意，"但我想你叔叔知道自己在做什么。不管怎样，让我们继续吧。他说，他想让你先在如我们这样静止的时候评判这场竞赛，然后在加速之后再次评判。所以，如果你觉得它们势均力敌，那我们就开始。准备好了吗？"

格丹耸了耸肩，走到自己的座位上，系好安全带，按下红色按钮发射火箭。一旦达到一定的速度，她就松开了按钮，宇宙飞船就安静地巡航了。

　　她把座位转过来看着那些光束。她让灯开着，灯还在发出一对又一对的光束。一切似乎都没有改变。

　　"看谁快……看谁快……噢！看谁快……看谁快……噢！"

　　"这太愚蠢了，"格丹说，"仍然势均力敌。我就知道会这样。我告诉过叔叔。当我们第一次达到高速时，外面那儿的光束，"她指着窗外说，"它一直以同样的速度远离我们。这里的也一样。看看它们，"她指着手电筒发出的两束光，"它们的速度也是一样的。它们走的距离是一样的——所以这一定是势均力敌的比赛——这确实是的。太无聊了。"

　　格丹离开了那些光束，开始为这台电脑思考可能的名字。这并不像她想象的那么容易。但最后她突然有了灵感。

　　"明白了！"她喊道，"我想到了一个。稍等一下。"

　　她在脑海里根据名字在单词的首字母上打钩，用七根手指在上面打钩。"是的，就是这。理查德！"她宣布。

　　"理查德？"

　　"是的。"

　　"这是什么单词的缩写？"

"呃……非常聪明的电脑，乐于助人，而且相当大胆，这句话的单词首字母缩写。"

"哦，我说，真是太棒了！但是……相当大胆？"电脑迷惑不解地补充道。

"当然。一直在太空中高速飞行。要成为像我们这样的宇航员，你必须非常大胆和勇敢。"

"好吧，非常感谢你，格丹。你真是太好了。我以前从来没有过名字。我要把它储存在我记忆中一个特别的地方。"

"当然，"格丹打断道，"我就叫你迪克吧。"

"迪克！"电脑惊讶地喊道，"为什么是迪克？那是什么的缩写？"

"这是理查德的缩写，傻瓜。"

当格丹这么说的时候，她意识到有些事情不对劲了——非常不对劲。这艘宇宙飞船似乎在缓慢下坠。然后它突然向上倾斜，随后又向下俯冲。就像在游乐场坐过山车。

"迪克，"她有些不确定地说，"发生了什么？迪克……我不舒服。"

她感到害怕。又是一次猛烈的向上倾斜，接着又是一次急速俯冲。

"迪克！迪克！"

"紧急情况！紧急情况！"迪克喊道。灯光开始暗淡下来。船舱里一片漆黑。

"紧急情况！紧急情况……电源……故障……"迪克的声音又低又慢，就像在以错误的速度播放唱片。

接着传来一声又长又低的口哨声，接着是……的声音。实际上，格丹也分辨不出来那是什么声音。那声音就像一声咆哮。她快被吓死了。咆哮的噪音越来越大。它就在她的周围。

突然，她有了一个念头。那不是咆哮声，那是猪的声音！一头猪在吃食！但是一头猪在宇宙飞船里做什么呢？它在哪里呢？它真的在宇宙飞船里吗？也许她正被一头会飞的大猪袭击……"

"求助！求助！艾尔伯特叔叔！"她尖叫着。

什么东西抓住了她的肩膀。

接下来的事情就是她发现自己已经回到了书房。她还在大声呼救。艾尔伯特叔叔站在她身边。他搂着她，温柔地安慰她。

"嘿，嘿，"他说，"好了。究竟出了什么事？你现在已经平安无事了。我在这里，你回来了。格丹，我是叔叔。你已经平安无事了。"

格丹哭了起来，"哦，叔叔，那太可怕了。我被一头会飞的大猪袭击了，宇宙飞船失控了……"

　　"现在，现在。别紧张，别紧张。会飞的猪是怎么回事？你看到了一头会飞的猪吗？"

　　她渐渐停止了哭泣，慢慢振作起来。

　　"不完全是。我没看见。那里一片漆黑。但是我听到了。声音太大，太吓人了，到处都是声音……"

　　她说到一半就停了下来。她责备地望着他。她刚刚意识到一件事。

　　"这都是你干的，"她说，"是你让这一切发生的。你故意吓我。好吧，我觉得这一点也不好笑……"

　　"但是……"

　　"我知道这里面有些事情不太对劲——把我送上太空仅仅是为了观察光束？我知道那没有任何意义。"

　　"我不知道你在……"

　　"哦，不，你知道！"格丹生气地喊道，"你很清楚发生了什么事，而且是你一手造成的。迪克告诉我的——第一次出现的时候……"

　　"迪克？"艾尔伯特叔叔惊叫道，"迪克到底是谁啊？"

　　"飞船上的电脑。它告诉我上面发生的一切都来自你的想象力。这一切都是你故意想象出来的。这一点也不好玩。不好笑……不好笑……"

"格丹，别说了，"艾尔伯特叔叔说，"我向你保证，我完全不知道你在说些什么。那是一个完全合理的科学实验。这就是我所想的全部——光束实验。我从来没有想过要去想象猪或任何类似的东西。我真的没有。你必须相信我，格丹。"

她坐在那里，仍然愤怒地瞪着他。但最终，她平静了一些。

"好吧，"她犹疑地说，"如果你发誓……"

"我发誓。我真的发誓，格丹。我绝对没有故意想象这些。"

"那么好吧，"她说，又急忙加了一句，"就这样了！我再也不回去了。我受够了你的思想泡泡。这一次就像一场噩梦——只是比噩梦还要真实。"

"好吧，格丹，"艾尔伯特叔叔同意道，"这是最后一次了。显然出了什么差错——这桩意外事件肯定比我们想象的要危险得多。我告诉过你，我以前从没在真人身上试过。"

他起身向厨房走去。"我给你泡杯茶。我给咱俩一人泡一杯茶。你吓死我了。"

几分钟后，他带着茶水回来了，还有一些饼干——她最喜欢的巧克力饼干。当她看到饼干时，格丹知道他想做什么——他试图讨好她。不过话说回来，不是每天都能吃到巧克力饼干的。不久，她又变回了原来的自己。

　　"好吧，"艾尔伯特叔叔一边收拾餐具一边说，"你感觉自己能看视频吗？还是你今天已经受够了？"

　　格丹点了点头："让我们看看吧。"

　　他急切地打开录像机。显而易见地，他一直急不可待地想看到最新实验的结果。他坐下来，两个人一起目不转睛地看着。这幅画面显示了宇宙飞船的内部，一束又一束光快速地射向船舱的尽头。

　　"看谁快……看谁快……噢！看谁快……看谁快……噢！"

　　格丹向后一靠，无动于衷。"这是一场势均力敌的比赛。你还在期待什么？"

　　"等等，"艾尔伯特叔叔说，"这只是个开始，是你静止不动的时候，我更感兴趣的是当你加速之后发生了什么。"

　　"仍然是一样的，这不会变的。"

　　"是吗？"艾尔伯特叔叔沉思着说，"嗯，嗯，这和你之前告诉我的相符——无论你的速度是多少，星光的速度都是一样的。这次有两束方向相反的光束，但还是没有任何不同。

势均力敌，嗯?"

"是的。肯定是的。"

"那么好吧。现在让我们从我的角度来看这场竞赛。"

他们继续观看，他们看到了火箭发射。随着宇宙飞船加速，它的长度开始缩短。各种过程都慢了下来——舱内时钟的速率，控制面板上的灯的闪烁。现在这一切对他们来说都很熟悉了。

格丹并没有给予太多关注。她在想，过不了多久，他们就会看到令她恐惧的地方。那样艾尔伯特叔叔就会知道这不是她瞎编的。但在他们看到这些之前，她逐渐意识到有些事情很奇怪。

"看谁快……看谁快……噢! 看谁快……看谁快……噢! "

"看谁快……看谁快……噢! 看谁快……看谁快……噢! "

疼痛的叫喊声"噢!"不太对劲! 在宇宙飞船里，当两束光同时撞到墙上时，喊叫声是同时发生的。现在其中一束的叫喊声却在另一束之前发出了。

格丹坐直了身子，难以置信地盯着屏幕。令她吃惊的是，她看到往后面发射的光束比另一束向前发射的光束早到了一小会儿! 虽然差别极其微小，但确实存在。宇宙飞船飞得越快，差距就变得越大。

"这是错误的，"她喊道，"事情不是这样的。叔叔，不是这样的。我发誓。"

艾尔伯特叔叔咯咯地笑了，"势均力敌，嗯？哈哈，看起来并不是的！"

格丹看了看她叔叔。"但这太疯狂了，"她无奈地做了个手势，"我不明白。这不可能是正确的。我知道它们同时到达了。"

"对你来说，是的——对你来说，是真真正正的势均力敌的竞赛。但在我看来，这绝不可能是势均力敌的。对我来说，每次都是往后面发射的光束获胜。如果对你来说，它们是同时到达的，那么在我看来它们就不可能是同时到达的。这就是我想要确认的。这一切都进行得相当顺利。"

"是这样吗？"格丹问道，她看起来更加困惑了。

"当然。相当顺利。"说完，艾尔伯特叔叔站了起来，关掉了电视机。"哎呀，时间这么晚了吗？"他看着钟说，"你最好还是走吧。当然，你得把所有这些都写到你的项目报告中。这是我们最有趣的研究结果之一。"

"是吗？"

"当然。"

"但是，叔叔……"

"你赶快回去吧，你爸爸妈妈一定在担心你跑到哪里去了……"

"叔叔！"

"现在，赶快走……"

"叔叔！"格丹喊道，一边跺着脚。

艾尔伯特叔叔看上去很惊讶。"天啊！怎么了？"

"我完全不知道你在说什么。"

"你完全没有头绪？"艾尔伯特叔叔问道，他有点吃惊。

"不，我没有。"

"哦。我还认为这是显而易见的。"

"显而易见的！"格丹喊道，"有什么是显而易见的？"她指着现在一片空白的电视屏幕说，"一场对我来说是势均力敌的比赛，怎么可能对你来说不是的呢？如果我现在还这么说，会显得我很傻。"

"哦，我不会那么说的。"艾尔伯特叔叔安慰道。

"这对你来说不重要，因为你不必站在全班同学面前，向迂腐的'萝卜'解释这一切，而我要面对这一切，大家都会窃笑起来。我会看起来像个大傻瓜。"

她颓然倒在椅子上。

"我不应该卷入这些时间、空间之类的事情中，"她继续说，"我应该做一些简单的事情——比如研究恐龙，你清楚地知道自己对恐龙的看法。或……"她嘲弄地补充道，"……甚至是家中的能源。"

艾尔伯特叔叔走到他的写字台前，把钢笔和铅笔翻来翻去，然后他拿起了一支记号笔。

"给我个解释的机会，嗯？"他轻声地询问。

格丹抱着双臂，看起来很生气。

"那么，"艾尔伯特叔叔说，"你又有什么损失呢？我的意思是说——家中的能量……双层玻璃……电动牙刷……毕竟这些……"他指了指电视机，"有点无聊，不是吗？"

格丹几乎笑了。

"光束总是以相同的速度传播，"他继续说道，"发出光的灯是否移动并不重要。看它的人是站着不动，像我一样，还是在移动，像你一样，这并不重要。每个人都看到光束以相同的速度移动。总是这样的。对吧？"

格丹不情愿地点了点头。

"好吧，对你来说，两束光走的距离是一样的。它们一起出发，以同样的速度走同样的距离，所以它们必须一起到达，这是一场不分胜负的赛跑。对吧？"

格丹又点点头。

"但对我来说，它们并没有走相同的距离……"

"它们一定有！"格丹肯定地说。

"不，"艾尔伯特叔叔说，"它们没有。向后方发射的光束并没有走得那么远，这就是为什么它先到达。"

"但它一定走了同样的距离。"

艾尔伯特叔叔摇了摇头。他伸手将录像带往回倒，"让我们用慢动作来看看。"

画面出来了。宇宙飞船在屏幕上非常、非常缓慢地移动着。当灯发射出两束光的时候，艾尔伯特叔叔将画面暂停。他用记号笔在屏幕上用箭头标出了灯的位置。

"对，这就是光束的起点，就像你现在看到的，它们与前面和后面的距离是完完全全一样的。同意吗？"

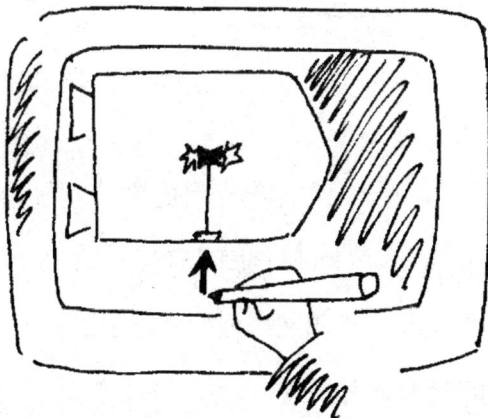

"是的。"

"现在让我们继续。"

他按下慢速前进按钮，宇宙飞船继续在屏幕上一寸一寸地前进。当向后发射的光束击中宇宙飞船的后壁时，他再次将画面静止。他又用记号笔加了一个箭头——这一次是为了标示光束到达墙壁时的位置。他看了看格丹。

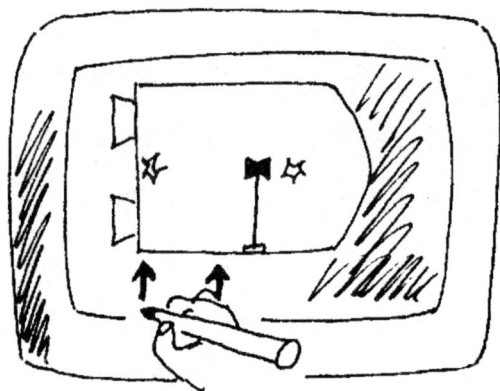

他说："它赢了。"

格丹说："这是因为它比另一束更快。"

"不，它没有。它们都以相同的速度运动。这是射向前面的那束光束的位置。"他再次用记号笔标示了第三个箭头，表示向前发射的光束。

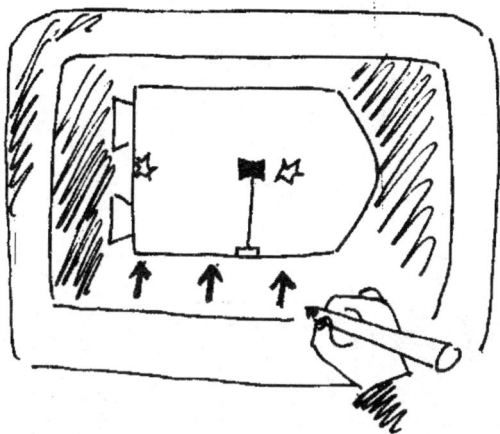

　　"它和另一束走的距离完全一样。它们都是从那里开始的，"他指着中间的箭头，说"现在它们分别到了这里。对我来说，它们是一样的速度，就像它们对……"

　　"我明白了！"格丹喊道，她的脸突然亮了起来，"我明白了！后墙——它被移动了。并不是向后的那束光走得更快，而是它并没有走那么远的距离。看，"她兴奋地继续说，"飞船的后壁移动了。它迎着光束的方向移动了。飞船的前壁也移动了，但它是朝着远离另一束光线的方向。那一束光线需要追逐前壁。这就是它为什么未能到达的原因。你看到了吗，叔叔？你明白了吗？"

　　艾尔伯特叔叔看着她，眼里闪着光。"是的，我明白了。

谢谢你，格丹。我真的明白了。我曾经向你解释过的，你还记得吗?"他笑了，"让我们继续吧。"

他继续播放，直到向前的光束最终到达飞船的前端。他加上最后一个箭头，使这幅图完整了。

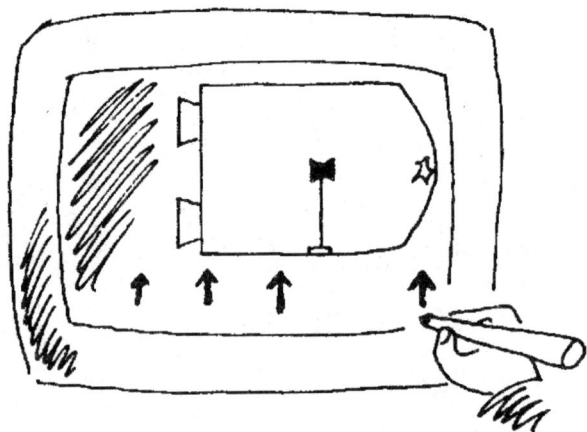

"就是这样的，"他说，"两束光走的距离不同，但速度相同，所以它们到达的时间不同——对我来说。"

"是的，"格丹说，"这很明显。"

"这就是我想说的。如果你仔细想想，就会发现这是显而易见的。"

"就是这样的，射向后面的那束光作弊了。"格丹心满意足地说。

艾尔伯特叔叔笑了，"是的……我想你可以这么说。"

"但这很奇怪，不是吗？"格丹说。

"是的，是很奇怪。你的宇宙飞船的时间不仅比地球的时间慢——这是我们以前发现的——而且在你看来是同时发生的事情，在我看来却不是同时发生的。"

她看起来又很困惑了，"但我们都看到了光束是同时开始比赛的。我看见它们是同时出发的，你也看见了。"

"这是真的。我们只是对发生在不同地方的事情意见不一致而已。光束都是从同一个地方出发的——船舱的中心——这对我们来说看起来是一样的，但它们奔向了不同的终点线，这就是我们看到的不同之处。终点线之间的距离越远，到达终点的时间差异就越大。"

"火箭的速度越快，时间上的差异就越大？"

"对的。这是正确的。"

艾尔伯特叔叔正要关掉电视机，格丹阻止了他，"哦，叔叔，我们能再多看一点吗？我们已经快到了问题开始出现的那一段了。"

"哦，"艾尔伯特叔叔说，"是的。我都快忘了。你的飞天猪什么的，不知道有没有记录下来。"

他又重新开始播放录像带。他们密切关注着。起初一切似乎都很正常。宇宙飞船在稳定地巡航。但随后，非常缓慢地，它开始向下俯冲，就像格丹记得的那样。

"看，就是这个！叔叔！"

接着，宇宙飞船猛烈地向上倾斜；然后它又开始下坠。它第二次飞了起来。然而，到现在为止，画面变得越来越模糊，支离破碎。想要弄清楚究竟发生了什么变得越来越困难。最后画面完全消失了。什么都没有留下，只有巨大的干扰——屏幕上都是雪花点点，就像天线被从电视机里拔出来了一样。

"哦，"格丹叹了一口气，"结束了。我们甚至还没有听到猪的声音。"

"真遗憾，"艾尔伯特叔叔说，"是的，这是一个耻辱。我看不出这到底可能是什么问题。"

他关掉了电视机。"来吧，"他说，"看看时间。你真得走了。"

"好吧，叔叔，"她说着起身离开，"明天见吗？"

"明天？嗯。对不起，"他说，"我明天很忙，可能要给一些科学家做演讲。我要告诉他们我们的发现。有时我也得做科研项目，你知道的，"他笑着说，"我们为什么不从这些艰难的思考中解脱出来，休息一下？我们星期六坐船去航行怎么样？"

“哦，叔叔，那太好了，”格丹说，“我可以穿爸爸送给我的生日礼物——新的运动上衣。”

　　当她离开的时候，她转身问道：“叔叔，你思考这么多，你的大脑有没有受过伤？我的大脑受伤了。”

　　“我保证航行的时候大脑没问题。”

第六章
最大的惊喜

"啊！"格丹说，"有那么一会儿我以为我们在移动。"

"呃?"艾尔伯特叔叔咕哝着，坐在她对面，埋头看报纸。

"没什么，叔叔。我还以为我们在移动呢。"

"移动？可别说是我们终于出发了。"

艾尔伯特叔叔放下报纸，向窗外望去，"我们没有移动。我们仍停在原地。你在说什么?"

"我没说我们正在移动。我只是以为我们在移动。就好比，我看见另一列火车开始悄悄驶过，我以为是自己在动。但是没有，那是它们在动。"

"哦。"艾尔伯特叔叔说。他又埋下头继续看报纸。

这是愉快的一天。他俩出海航行去了。艾尔伯特叔叔喜欢在船上消磨时光，他有自己的小帆船。事实上，他最开心

的时候就是在水上。他穿着凉拖鞋和旧毛衣，笔直地站在船上，随着水的波动轻轻摇摆着。他的脸在风中皱成一团，他看起来就像一个海盗。

格丹并不是那么热衷户外运动。她的父母总是唠叨她要"多锻炼"。但她唯一真正喜欢做的事就是航海——而这主要是因为航海给了她一个和艾尔伯特叔叔多相处的借口。事实上，她还是有点害怕水的，但她正在逐渐克服这种恐惧。

他们来到了一个宁静的海滨村庄，艾尔伯特叔叔的船就停泊在那里。现在，他们在返程的路上，但不知什么原因，火车晚点了。格丹漫不经心地听着外面海鸥的叫声，问道："那究竟是为什么呢，叔叔？"

"嗯？"艾尔伯特叔叔问，他还在努力看报纸。

"为什么有时你分不清是自己在动还是别人在动？"

"你永远都分不清楚的——如果它是稳定运动的话。"

"但为什么不能呢？"格丹坚持道。

"我多么希望自己能安静地看会儿报纸啊……"

"对不起，叔叔，"她道歉道，"我不是故意的。"

"哦。没关系，并没有多少新闻，"他把报纸放在一边，望着窗外的车站，"为什么我们不知道自己在移动——如果我们在移动的话？事情就是这样。自然法则——事物的行为方式对于移动中的人和静止的人来说是一样的。你的杯子放在这张桌子上，就像那边自助餐桌上的杯子一样，"他指着外面站台上的餐厅说，"打翻这个杯子，茶就会洒出来，就像在自助餐桌上一样。火车开不开动都没有什么区别。"

"但如果火车是运动的话，我们确实是知道的。"格丹说，"当你在走道上行走的时候，你会东倒西歪。你必须抓住什么东西。当你沿着站台走时，你不需要抓住任何东西。"

"这是不同的。这是因为火车的运行并不稳定；它们颠簸——加速或减速——转弯。我说的是稳定、平稳的运动，以完全相同的速度沿直线运动。像一架巡航的飞机……"

"或者我的宇宙飞船？"

"是的。就像你的宇宙飞船。这是一个更好的例子。一旦你的引擎关闭了，不再有引擎的振动来泄露给你信息。"

"你是说你根本无法知道自己是运动的还是静止的？"

"正是如此。如果你在宇宙飞船里做一个实验——一些非常精确的科学实验——试着发现无论你是在移动还是只是站着不动——不管它是什么，光速飞行的你会得到和在地球上的我做同样的实验一样的结果。"

"根本没有区别吗？"

"一点也没有，"艾尔伯特叔叔说，并补充道，"这是因为自然法则——我们科学家用来描述事物的数学方式——你在运动时和不运动时是完全一样的。"

"那我们怎么能够确定运动的就是宇宙飞船而不是地球呢？"

"我们不能。"

"我们能。"

"我们真的不能，"艾尔伯特叔叔断然地说，"首先，地球绕着太阳转。对吧？那一定是，嗯，我们设为每小时70000英里。然后太阳相对于恒星运动，这就增加了一些速度。所以地球不是静止的。你能说的就是宇宙飞船相对于地球的速度。它并不能告诉你到底是谁在移动。"

"这是很愚蠢的，我们确实知道真正在移动的是宇宙飞船，而不是地球，这是显而易见的。"

"显而易见吗？"艾尔伯特叔叔笑着说。

"是的。叔叔。你要做的就是问哪个时间受到运动的影响。这是宇宙飞船时间。对吧？宇宙飞船时间变慢，地球时间保持正常。或者说空间。谁的空间受到影响？宇宙飞船收缩，地球保持正常。所以，宇宙飞船一定是真正在移动的那个。"

艾尔伯特叔叔不再笑了。"但是……"他刚开口，话到嘴边就说不出口了。他盯着她看，然后又看向窗外。他很快陷入了沉思，甚至火车终于开动时的震动也没有让他从沉思中惊醒。在火车叮叮哐哐把他俩载回家的路上，格丹饶有兴趣地看着他不时地摇着头，喃喃地说："但这不可能……这不可能。"

过了一会儿，格丹开始有点儿担心。

"嗨，叔叔。你不会是在开始进行大思考吧?"

"嗯?"

"叔叔，不要在这里。思想泡泡——它开始出现了。赶快停下来！要是有人进来看见了怎么办?"

"哦。噢，是的。对不起。"

过了一会儿，他的眼皮开始有点下垂了。在户外待了一天，他感到筋疲力尽。火车的摇晃使他昏昏欲睡。他的头开始慢慢地下沉。有时它猛地一动，然后又沉了下去。轻轻的鼾声，轻轻的呼吸声，他睡着了。

格丹身体向前倾。她的眼睛越来越大。她盯着艾尔伯特叔叔。

"猪！猪！"她喊道。

艾尔伯特叔叔猛地惊醒了，坐了起来。

"什么? 什么? 猪吗? 在哪里?"他向四周看了看，"你在说什么呀?"

但是格丹笑得很无奈。她就坐在那里，笑得弯了腰，指着他。

最后她设法恢复了镇定，不再大笑，"是你！"

"我?"

"是的。你就是猪……会飞的猪。"

艾尔伯特叔叔开始大发雷霆了。即使在他情绪最好的时候，他也不喜欢突然被吵醒。"你到底怎么了，格丹？"

"你打呼噜了。它根本就不是一头猪，而是你。你一定是在我上次太空旅行时睡着了。我想，这就是宇宙飞船失控的原因。"

她又一次咯咯地笑了起来。

过了一会儿，艾尔伯特叔叔也忍不住了，他也笑了起来。这个谜终于解开了，他和她一样感到宽慰。

"叔叔，"格丹喊道，她从开着的后门冲了进来，把书包扔在了角落里，"叔叔，我来了。"她宣布。

"我明白了。"艾尔伯特叔叔说。他正坐在厨房的桌子旁喝茶。

"那是什么？"他略带不满地指着那个袋子，"我想你还没有回家吧？"

"是的。我没有时间。"

"那就给你妈妈打电话，让她知道你来了，问问她你能不能留下来享用下午茶。"

格丹步履沉重地走到电话的所在之处——大厅，心里默念着："给你妈妈打电话，给你妈妈打电话。为什么每个人都把我当成一个傻女孩，而不是……不是一个宇航员——一个有经验的宇航员——一个独自旅行了几百万英里的人呢？"

过了一会儿，她回来了，走到桌旁坐下。

"妈妈说我可以留下来喝下午茶，如果你也同意的话。"

"她要你保证不要惹人讨厌？"艾尔伯特叔叔笑着说。

"你怎么知道我不会？"她笑了。

"请随意享用肉和沙拉吧。之后还有很多松饼和蛋糕，所以要把肚子留出些空间。"

"谢谢。叔叔，"她说，"这些看起来还不错。"

她总是很享受和艾尔伯特叔叔一起喝茶的时光。在真正品尝到自己喜爱的食物之前，他从来没有强迫过她先吃堆积如山的面包和黄油。

"今天在学校过得怎么样？"他问道。

"糟糕透了。你知道弗朗西斯·亚历山德拉，那个研究火山的人，她居然在作弊！你知道她在做什么吗？她一直在抄袭一本书，一大段一大段的，这就是她所做的一切，影印照片、复印文字。我知道，是因为我看到她这么做了。难怪她的项目报告看起来很不错，但这些都不是她的作品——不是真的。你不觉得那是作弊吗？

"嗯，是的，我想是的。"

"这不公平。艾里逊从很多不同的书里找了很多关于恐龙的东西，然后努力用她自己的话写下来。难道不是应该这样做吗？难道不是吗？"

"好吧，既然你这么说……"

"至于那个达雷尔·柯蒂斯。他是如此愚蠢。他进行的是有关计算机能够帮助人类的项目。他写的都是些太空入侵者和电脑游戏之类的东西。这对人类有什么好处？任何人都会认为这是计算机的唯一用途。你不认为这很愚蠢吗？"

"我开始后悔我提的问题。"艾尔伯特叔叔咕哝着。

"什么？你后悔问了什么？"

"问你今天在学校过得怎么样。"

"哦，"格丹说，"对不起。我并不想持续抱怨下去。"她开始继续享用她的下午茶。

"不管怎么说，你的项目进行得怎么样了？"她问。

"我的？"

"是的，你跟那些科学家谈论我们的发现。"

"哦，他们很感兴趣——非常感兴趣。他们曾经在学校里学到的东西，现在竟然发现是错的，这让他们有点恼火，但他们还是很感兴趣的。"

他站起来，准备开始清洗碗碟。

"问题是……"他开始讲话了。

"嗯?"格丹问。

"哦,没什么。"

"叔叔,你刚才想说什么?"

"哦,只是……只是有个未解决的问题——一些不合适的事情。我仍然觉得我们并没有真正了解事情的全部。

"为什么?"

"嗯,在某种程度上,这是你的错。"

"我的吗?"格丹喊道,"这跟我有什么关系?"

"就像你前几天在火车上说的那样,我们可以判断出是宇宙飞船而不是地球在移动,因为是宇宙飞船时间落后于地球时间,而不是地球时间落后于宇宙飞船时间。"

"那又有什么错呢?我们为什么不能辨别出是哪个在动呢?"

"我不知道。我只是觉得这样不太对劲。奇怪的是,我们所知道的每一个科学实验,不管我们是否在移动,都会得出同样的结果——除了这个实验。出于某种原因,这是唯一有区别的地方。它看起来很可疑。我不喜欢这样。"

"所以,你打算怎么做?"格丹问。

"对此我无能为力。"艾尔伯特叔叔说。有那么一会儿,他看着她，仿佛还想说些什么，但又停了下来。相反，他开始把盘子都摞了起来。"吃完了吗？"他在收拾她的空茶杯和茶碟时问道。

"是的，叔叔。这下午茶真不错。谢谢你！但是，叔叔……"

"嗯？"

"你刚想说什么？"

"你是什么意思？"

"就在那个时候。你刚想说点什么。"

"嗯，我只是想知道……"

"嗯？"

"哦，算了吧。上次之后，我真的不能再向你提要求了。"

"算了什么？"

"好吧……只有一个办法能把事情弄清楚。你还得再去一趟……但上次之后，我很难……"

他的声音越来越小。

格丹就知道是这件事。她早就猜到他心里在想什么。但她回想起当时的情形时，一阵轻微的颤抖传遍了她的全身。虽然他们事后知道发生了什么时曾打趣过这件事，但那并不能消除当时给格丹带来的极大的恐惧。

格丹犹豫地说："如果你承诺……如果你保证不会中途再

睡着……"

"我保证，我会保持清醒的，"艾尔伯特叔叔说，"你真的不介意吗？这是唯一的办法……"

"是的，"格丹已经拿定了主意，说，"你想让我做什么？"

"嗯，是这样的……"

格丹手里拿着一盘空白的录像带进入了宇宙飞船。艾尔伯特叔叔在她出发之前把它给了她。

"欢迎，船长！"迪克叫道，"没想到你会回来……在我们上次惹麻烦之后。"

"你好吗，迪克？"格丹问。

"还好。没有受到真正的伤害。所有的电路都恢复正常了，我又恢复了原来高效的自我。总有一天，我们所有的计算机将不得不聚在一起，看看我们是否能找到一种不依靠科学家就能完成任务的方法。他们完全没有效率，总是惹麻烦——甚至艾尔伯特叔叔也不例外。"

"叔叔这次想让我拍些录像。"

"啊，是的，"迪克说，"就在那边，它对着侧窗，摄像头已经为你设置好了，你只要把磁带放进录像机里，我会告诉你什么时候打开。"

"他想让我给地球拍照。"

"正是这样。他已经从他的角度拍下了我们的视频；现在他想要从我们的角度拍摄地球的视频。"

她把磁带装好，然后回到主控制面板前，坐到座位上。他们发射升空，飞向太空。在他们走了一段距离后，他们掉过头来，让宇宙飞船再次指向地球，然后又再次加速。

"我们将飞越地球。"迪克说。

"但是我看不见，"格丹说，"侧面的窗户都被摄像头挡住了。我在这里看不见外面，所以我怎么能知道……"

"不要担心。等我们到了附近，我就通知你，然后你就用你面前的遥控器启动摄像机。"

一个小盒子被放在了控制面板上，这在以前的旅程中是没有的。它上面标记着"摄像机控制器"。它有一个可以调控到两个位置的开关——ON（开）和 OFF（关）。它还有一个标有"ZOOM"（"变焦"）的圆形旋钮。

"我要怎么使用这个另外的旋钮呢？"她问。

"哦，是这样的，一旦你拍到了一张整个地球的远景照片，他要你拍一个特写。我告诉你转动旋钮时，你就转动。好了，你准备好了吗？地球正在从右手边靠近。"

格丹伸手摸着按钮，等待着。

"摄像机……打开！"迪克喊道，"稍等……稍等……准备变焦……现在变焦！保持住……保持住……摄像机……关掉！这样就可以了。"

一回到艾尔伯特叔叔的书房，格丹就把他的录像带还给了他。他把它放进录像机里。格丹已经迫不及待了。

"这一定会很有趣的，"她大声说，"地球和其他一切看起来都会延展开来……"

"延展开来？"

"嗯，是的。当你看到宇宙飞船和我的时候，我们都被压扁了，看起来很瘦，所以当我看地球和下面的人的时候，他们看起来都是延展的，很胖……"

"好吧，我不太确定……"

"一切都将加快速度。"

"加速？"

"当然。从你的角度看我的时间变慢了，所以从我的角度看你的时间将变快，这里发生的每一件事看起来都会加快速度——每个人都会匆匆忙忙的。显而易见的。"

"嗯……可能吧……让我们看看，可以吗？"

他打开了录像机。画面出来了。起初，它显示的是空旷的空间——只有恒星做背景。然后，从画面的左边，我们看到了地球。当这一切发生时，艾尔伯特叔叔的眼睛睁得大大的。他笑起来了……不停地笑。

"当然！当然！"他喊道，他向空中挥舞自己的拳头，"必须是这样。必须是这样的……"

格丹看起来目瞪口呆。她惊掉了下巴似的难以置信地盯着屏幕。她几乎无法接受，因为地球根本没有延展。恰恰相反，它被压扁了！

"但这是不可能的。"她沮丧地说。

"你变焦了吗？啊，是的，在这儿。"

他说话的时候，画面被放大成了一个特写。它显示了一条街道。一切都被压扁了——房子、汽车和人。事实上，这些人看上去就像格丹在宇宙飞船里被艾尔伯特叔叔拍照时一样瘦。但这还不是全部。

"哈！"艾尔伯特叔叔得意扬扬地喊道，"你觉得怎么样！看看他们的移动方式，格丹。"

当他们仔细观察时，他们看到街上的人，并没有像格丹预期的那样加速，而是在慢镜头中行进。他们所做的一切都放慢了速度——就像格丹自己在宇宙飞船里的运动在艾尔伯特叔叔看来似乎也放慢了速度一样。不仅是人，交通灯的转换也变慢了，鸟儿慢慢地扇动翅膀；一切都放慢了速度。

"这可得庆祝一下，"艾尔伯特叔叔哈哈大笑，"我去给我们弄点喝的。"他跑到厨房，拿着两杯可可回来了。

"我以前不想这么说，"他接着说，"但我始终有一种怀疑——只是最细微的怀疑，我怀疑事情会变成这样。"

"唉，这和我想的不一样。"格丹生气地说，她接过杯子。当她看到里面的东西时，她做了个鬼脸。"这样我的项目就完蛋了。这真是一个烂摊子。一片混乱。这是愚蠢的！但愿我从来没有开始过。"

"你究竟为什么要这么说？"

"对你来说没什么。那我该怎么解释？当'萝卜'读到我的时间比你的时间慢时，而你的时间也比我的慢时，他会说什么呢？这是愚蠢的。没有任何意义。我看起来会像个白痴。"

"但为什么？"

"啊，别胡扯了，叔叔。你没那么笨。他会想知道到底是谁的时间过得更慢，不是吗？我该怎么说呢？"

"但他不能问这个问题。"

"他当然可以问这个问题！"格丹喊道，她越来越不安了。"他会问这个问题的。而且，我也想知道到底发生了什么。谁真的变慢了，谁真的被压扁了？来吧，请回答我。"

艾尔伯特叔叔咯咯地笑了。"冷静，冷静，我会尽力解释的，"他放下杯子，想了一会儿，"是的。让我们回到开始。把我们学过的都忘掉，让我们重新开始。准备好了吗？"

"嗯……"，格丹说，"如果你真的要解释……"

"我想你最好把这个写下来，嗯。只是为了确保你做对了？"

格丹不情愿地站起来，从艾尔伯特叔叔的书桌上拿起了笔和纸。

"但你最终还是要用你自己的语言记录下来——当你把它写进你自己的项目报告里时，好吗？"

她点了点头。

"好吧，我们从一个非常简单的观点开始——光速总是相同的。不管你是站着不动还是在动，不管发出光的灯是静止的还是移动的，光速总是一样的。明白了吗？"

"是的。"格丹说着，迅速把它记了下来。

"第二个观点也很简单——你无法分辨自己是静止的还是在做匀速直线运动。我可以相对于你移动；你可以相对于我移动；但是没有办法决定谁是移动的，谁是静止的。一切运动都是相对的。好吗？"

格丹停下了书写，抬起头来，说："我对此不敢肯定。"

艾尔伯特叔叔想了一会儿，然后他说："还记得我们试图在小船中绕过岬角的时候吗？你从船边往下看，看着水面说我们开得有多快，然后我指出那个角落有很强的水流，我们必须逆着水流走？"

　　"当我们看着陆地时，我们几乎没有移动。"

　　"没错。"

　　"是的，我记得。"

　　"好吧，我们是否真的在移动？是的，我们相对于水是移动的。但因为水是相对于陆地移动的，相对于陆地，我们几乎没有移动。岸上的人会以为我们的船是静止不动的。"

　　"我明白了。"格丹说。然后她又显得很困惑，"但是当我骑自行车的时候呢？是我在动，不是你。我才是那个骑车累坏了的人。很明显，如果我累了，我就肯定不是静止不动的。"

　　"哦，是的，是这样的。如果你在自动扶梯上走错了方向，很容易把自己弄得精疲力竭还哪儿也到不了。站着不动的那个人才能到达一个地方。"

　　"是的，但是当我骑自行车超过你的时候，我不只是超过了你，我超过了所有的房子、树木和一切。你不是真的想说是我站着不动，而其他一切都是在移动的吧？"

　　"为什么不呢？房屋和树木固定在地球上，但是地球相对于太阳运动，太阳相对于星星运动。谁知道呢，也许你在你的自行车上骑着，很可能是整个宇宙中唯一真正静止的东西！你无法判断。一切运动都是相对的，我说过。这是第二个重要的观点。事实上，我们为什么不给它起个名字呢？"

"一个名字？"

"是的。让我们把第二个观点称为'格丹的相对论规则'。"

"这个名头太大了！"格丹喊道，她的眼睛闪闪发光，"可为什么用我的名字命名呢？"

"因为这是你在火车上指出来给我看的，还记得吗？"

"当另一列火车开动时，我以为开动的是我们自己的？"

"是的。正是。"

"但是，叔叔，"格丹说，"每个人都知道，那并不是什么新鲜事。"

"也许不是这样。我们是第一批认真思考这意味着什么的人。而我们在太空旅行中所发现的一切都来自你的相对论规则，以及光永远拥有相同速度的观点。"

"一切吗？"格丹说，"一切都来自这两个观点吗？"

"就是这样的。"

"但是怎么做到的呢？"

"嗯，首先，你不能让人类追上光束。如果他们做到了，那么相对于他们，光束似乎是静止的。但这与第一种观点相反，即光束必须以同样的速度运动。"

"而阻止人们追上光束的唯一方法就是使它变重。"

"没错。"

"我明白了，"格丹一边说着，一边把这些记录下来，"那么时间变慢以及诸如此类的事情呢？"

"好吧，你花时间去追逐星光。就我所知，光束以正常速度移动而你的速度也差不多一样快——光速的 0.999，或者差不多相近的速度。在我看来，光束离开你的速度似乎非常慢——与你的速度几乎没有什么不同。但在你看来，那束光是以它的正常速度远离你的。很明显，我算出你和光束速度差的方法和你算出的方法不一样。"

"你这是什么意思？"

"好吧，速度代表的是在一定时间内所经过的距离。三十英里每小时的速度意味着你在一个小时内旅行的距离是三十英里，现在，如果我们对光束相对于你的速度不能达成一致，那么就意味着你计算速度依据的距离和时间和我所使用的距离和时间是不相同的。那么事实上，仅仅就我而言，你的时间肯定是比我的时间要慢的，而且你的宇宙飞船距离比我的要压缩得更厉害。"

"在你看来？"

"是的，在我看来。"艾尔伯特叔叔说。

"那么，为什么我看到你在地球上的时间变慢了，而不是变快了呢？"

"这是因为第二个观点——你的相对论规则。因为我们分不清到底谁在动，谁是静止不动的，对我适用的就一定对你也适用。如果我看到你的时间比我的慢，那你也一定看到我的时间比你的慢。如果我说你的宇宙飞船被压扁了，你一定会说我的地球被压扁了。"

"但谁是真正被压扁的？谁是真正慢下来的？"格丹坚持问道，"肯定有人是对的，我确定。"

"不，"艾尔伯特叔叔说，"要想说有人一定是正确的，必须有一个真实的时间和空间——每个人都要达成共识。我们可以比较其他时间和空间，然后说'这个同意；那个不同意'。但是并没有这样。对我来说，我有我的时间和空间，对于你来说，你也有你的时间和空间。就是这样的。"

"这是因为我的规则吗？"格丹喃喃地说。

"就是这样的。"艾尔伯特叔叔说。

格丹把笔和纸放在一边，陷入了沉思。她的脸突然亮了起来，好像突然被什么击中了。她说："嗨，我突然想到了一件事。你知道吗？当我去木星的时候，我的时间是四十分钟，而你的时间是一个半小时。"

"是的。"

"嗯，当我进行那次旅行的时候，地球应该会被压扁，对吧？"

"是的。对你来说应该是。"

"这也适用于地球到木星的距离吗？它也会被压扁吗？"

"是的。对你来说，大概是正常距离的一半。"

"太好了！这就对了！"格丹大声说。

"哦？"

"是的。我回来后，我查了一下从地球到木星的回程距离。这没道理。我不可能做到——在40分钟之内——应该需要一个半小时才对，而不是40分钟——如果我的速度接近限速的话。但对我来说，如果距离只有一半，那就没问题了！我就可以做到了。我相信一切都开始契合起来了，叔叔。"

"很高兴听你这么说。"

格丹看了看自己做的笔记。

"我还得再考虑一下，"她说，"但我估摸着我现在已经有足够的素材来完成我的项目报告了。"

三个星期过去了。格丹出来时，她惊讶地发现艾尔伯特叔叔正站在学校大门外。

"你好，叔叔，"她说，"真是个大惊喜。什么风把你吹来了？"

"我碰巧路过这里，正好看到大家都出来了，"他说，"我就想在这儿等一下，跟你打个招呼。"

"你真是太好了。"她说。

他们一起走在路上，格丹挥舞着她的书包。

"家庭作业多吗？"他问。

"什么也没有。这是本学期的最后一个星期。这周我们没有家庭作业。"

"顺便问一句，"他漫不经心地说，"我们的成果如何——那个项目什么的？"

格丹暗自笑了笑。他可不只是路过，她想，他早就知道我今天会从"萝卜"那儿拿到我的项目评分。我想他已经迫不及待地想知道结果了。

"噢，好吧。他给了这个项目一个 B。"

"一个 B ！"艾尔伯特叔叔气愤地嚷道，"居然是这样的结果！"

"什么意思？ B 很好啊。我不常能得到 B。"

"嗯，我也不知道，"艾尔伯特叔叔咕哝道，"你到底要怎么做才能拿到 A？赢得诺贝尔奖之类的?"

"真的不知道。他说这有点儿太复杂了。我估计他一个字也不相信。不管怎样，他给了我'嘉奖'。"

"什么?"

"嘉奖——独创性奖。我想他是这么说的。"

"哦，"艾尔伯特叔叔说，"我不确定我是否掌握了现代学校教育的精髓。在我那个年代，你要么做对了，要么做错了。如果你弄错了，你就完蛋了。"

"如果你做对了呢?"

"你就不会受到打击——至少不会经常受打击。"

他们拐进了格丹家所在的那条街道，就在艾尔伯特叔叔家附近的拐角处。

"弗朗西斯·亚历山德拉得了 A，但我们都知道她是怎么得到的。达雷尔·柯蒂斯不肯告诉我们他的成绩。但我偷偷看见了，趁他没看见的时候。他得了 D－。这就是他的报应。他的成绩单上还有一句'来找我'。"

"'来找我'，什么意思?"艾尔伯特叔叔问，他看起来更加困惑了。

"'来找我'——他要去找老师了。这意味着他有麻烦了。"

"哦，"艾尔伯特叔叔表现出很有兴趣的样子，"他会完蛋的。"

"现在已经不能这样干了，叔叔，"格丹叹了口气说，"那是史前的事情。现在老师不允许这样做。"

"哦……"

"艾里逊得了C，但她做了一些颜色非常漂亮的陶器恐龙。"他们走到了通向她家的花园大门。

"还有一件事，叔叔，"格丹说，他们停下来。

"哦?"

"是的。关于我的相对论规则。你知道的，它说我们不知道是谁真的在移动，所以我们不知道谁的时间真的变慢了?"

"是的。"

"好吧，'萝卜'在我的文件夹上写了'我们知道的'。我从木星回来的时候，是我的时钟慢了，不是你的。我的是四十分钟，而你的是一个半小时。"

"嗯。说得好。是的，他指出了一个非常有趣的复杂问题。也许你的老师也没那么笨。'萝卜'知道他的'洋葱'，嗯?"

"哦，哈哈，叔叔，"格丹用略带嘲弄的口吻说，"那是一个老笑话了。严肃点儿，答案是什么?"

"嗯，你的相对论规则只适用于稳定运动。我们还没说如果有人改变他们的运动会发生什么。"

"'改变他们的运动'是什么意思？没有人改变他们的运动。"

"我没有，但你有。"

"我吗？我没有改变我的。我一直保持着同样的速度。"格丹说。

"不是所有的时候。当你到达了木星，你转过身来。你点燃了你的火箭来减速,然后再次加速回来。你改变了你的运动。"

"那又怎样？"

"嗯，当你改变你的运动时，你的相对论规则就对你不适用了。这对我一直适用，所以我认为你的时钟会比我的慢，事实也确实如此。现在真正有趣的问题是，你是怎么发现我的时钟比你的快……"

"叔叔……"

"按照你所说的，当你稳步巡航的时候，我的钟走慢了。"

"我能打断你吗，叔叔？"

"但是当你改变你的运动的时候，啊，是的，也许那时我的时钟会加速……"

"叔叔！"

"呃，发生什么了？"

"你开始了另一种思考。"

"我吗?"艾尔伯特叔叔说,他看上去很吃惊。

"是的,就是你。我们没时间了。尼克和我已经答应今晚帮辛普森小姐为明天的校庆布置摊位;然后我要去巴黎做一整个星期的法语交换生……"

"哦,"艾尔伯特叔叔说,"好吧,那就等你回来再说。"

他显得很失望。她想知道她能做什么,然后她突然有了一个主意。

"给,"她说着,在自己的文件包里翻找着,"我不在的时候,你可以读读这封信。"她拿出装着自己项目报告的文件夹,"你甚至还能尝试着做一下那些小测试。"她调皮地补充道。

"什么测试?"艾尔伯特叔叔说。

"你会看到的。"说着,她轻轻地在他的额头上吻了一下,然后就沿着花园小路往家走去了,她回头喊道,"等我回来再来看你。"

那天晚上晚些时候,艾尔伯特叔叔正坐在他的办公桌前,悠闲地翻阅着那份项目报告,突然一张从文件夹里伸出来的纸引起了他的注意。他把它拿出来,开始阅读起来。这是格丹写给特纳先生的信,上面用红墨水潦草地写着:

"格丹，我告诉过你不要失礼。J. T. 。"

艾尔伯特叔叔很想知道这究竟是什么意思，就继续往下读。他开始咯咯地笑起来。他很快就弄清楚了特纳先生生气的原因。在信中，格丹为他设计了测试题目，来检验他是否理解了自己的项目报告！

"这只厚脸皮的猴子，"艾尔伯特叔叔想，又补充道，"我非常好奇他做得怎么样。"

他在自己读题的时候，不自觉地拿起了铅笔和纸。

第七章

为特纳先生准备的测试

亲爱的特纳先生：

我希望你喜欢我的项目。这些都是真的。你看明白了吗？你总是给我做测试，所以我要给你做个测试。答案在最后，不许偷看。先回答所有的问题，把你的答案写在一张纸上，然后再往下看答案。

总共有 18 个问题。如果你答对的题目少于 5 题，你就没看明白。如果你能答对 5 到 8 题，你就很不错了，但需要更加努力。如果你能答对 9 到 14 题，那就是非常棒了。如果你能答对 15 到 18 题，你就是天才，或者你作弊了。

祝你好运。

问题

1. 当我在宇宙飞船里的时候，我的运动鞋是更重还是更轻，还是和往常一样？

2. 如果我乘坐一个重量只有原本那个的一半的小太空舱，我能捕捉到光束吗？

3. 当我跑得很快的时候，我变得更重了，我的衣服还能合身吗？

4. 当我快速骑自行车时，我的体重还和往常一样吗？

5. 当我去木星的时候，我变老了吗？是老得更快了，还是老得更慢了，还是变年轻了？

当我从木星回来的时候，是一样的，还是不同的？

6. 如果我以去木星的速度进行一次两个月地球时间的旅行，我要准备多少食物？两个月的还是其他的？

7. 达雷尔必须在一小时内按你的手表时间交作业。他像往常一样迟到了。他不可能在一小时内完成。他是否可以乘坐宇宙飞船，让他的时间变慢，以便做更多的工作，或者他把你送上宇宙飞船，或者你们都去，或者这是无用的，他还是会被骂？

8. 如果我始终在宇宙飞船里兜圈子，我能一遍一遍的永远过相同的生日吗？

9. 我被压扁了，我的衣服还合身吗？

10. 我看不到挤压，因为我的眼睛也在同一个方向上被挤压了。如果我横着头，我能看到吗？

11. 如果我带着 100 厘米长的尺子乘坐宇宙飞船去木星，艾尔伯特叔叔说它只有 50 厘米。我该说它有多长？

12. 当核弹爆炸时，你捡起碎片，碎片的重量和炸弹的重量一样吗？

13. 当我妈妈在烤箱里把盘子加热后，它们和冷的时候一样重吗？

14. 天黑时一辆汽车向你开过来，车灯正对着你，光是以通常的光速还是以更快的速度射向你？

15. 假设我去木星的时候，艾尔伯特叔叔说，他看到闪电同时击中宇宙飞船的头和尾，我能认为它们是同时被击中的吗？

16. 我在宇宙飞船里的时候，地球和往常一样重吗？

17. 从家到学校有 2 英里。我骑自行车上学时，距离是一样的吗？

18. 学校图书馆里的科学书籍是关于在实验室里发生的事情，也就是在静止的时候。那么在宇宙飞船里会发生什么呢？我是否需要针对我能达到的不同速度的科学书呢？

答案

(我说过先不要偷看！)

1. 它们更重，因为所有速度变快的东西都更重了。

2. 不。一半重量的太空舱加速更快，但仍然没有光速那么快。

3. 是的。我没有变胖。我是变重了。

4. 不。我就会变重一点。但我没注意到。(但是当我很累的时候，我感觉更重！)

5. 我变老的速度都比较慢，因为方向无关紧要。我只老了一半。

6. 1 个月。我饿得比平时慢一半。

7. 你登上宇宙飞船。然后你的手表就会变慢，它需要更长的时间来计时 1 个小时(了解达雷尔,他会很愚蠢,自己走)。

8. 不。我不能回到年轻的时候了。嘘!

9. 是的。它们仍然合适。我的身体变扁了,衣服也会变扁。

10. 不。起初,眼睛的宽度被压扁,上下变化是正常的。当我横着头时,我的眼睛的宽度是正常的,上下都被压扁了。(上下不再是上下了。现在的宽度是上下的。这很难解释。你试着解释一下。但答案是正确的。)

11. 100 厘米。我说还是和往常一样。

12. 不一样。炸弹失去了能量,而能量是有重量的。所以炸弹的碎片比当它们还是炸弹时要轻。

13. 不。因为它们是热的,有更多的能量,所以更重。但也重不了多少。你注意不到。

14. 相同的。光速总是一样的 (这是一个简单的问题)。

15. 不,如果对艾尔伯特叔叔来说同时发生,对我来说就不是。反之亦然。

16. 重一些。

17. 不。少一点。有点被压扁了。(但感觉不到。)

18. 不。事物与静止不动时是一样的,这是好的。我说,科学书籍已经太多了。

结束

第八章
一点真正的科学

你现在已经读完了艾尔伯特叔叔和格丹的故事。最后，你可能想听听另一位科学家的故事———这一次，是一个真真正正存在的人。

艾尔伯特·爱因斯坦是有史以来最伟大的科学家之一。他彻底改变了我们对空间和时间的看法，实际上是他发现了我们故事中所描述的效果。这些影响确实会发生。事实上，它们在日常生活中每时每刻都在发生。但是，只有在现代科学实验室中，在极高速度的条件下才能发现它们，它们才会变得引人注目。

例如，已经进行过的放射性物质（这是一段时间后会分解的材料）的实验。如果不是让这种物质静止不动，而是让它以接近光速的速度运动，那么它的分解速度就会更慢——

在最近的一个实验中，它的分解速度比正常速度慢 30 倍。这是由于物质内部的计时能力变慢了——就像格丹的时钟在去往木星的旅途中变慢一样。

它也证明了光速是一个无法逾越的障碍。在一个实验中，已知的最轻的粒子——电子，受到一种力的推动，根据旧的自然法则，在电子仅仅运动了几厘米后，这种力就应该能使它的速度超过光速。实际上，在被推了 3 公里（即 2 英里）的距离后，它仍然没有达到这个速度。相反，它变得像格丹的太空舱一样重。事实上，它比平时重了 4 万倍！

最后，你可能想知道，由于爱因斯坦认为所有物质都是一种被锁住的能量形式，科学家们继而发明了核弹——这让爱因斯坦非常沮丧，因为他自己是一个热爱和平的人。

所有这些效应都源于一条被称为相对性原理的规则。这就是说，在稳定的相对运动中，自然法则对每个人都是一样的。一旦你接受了这一点——同时接受了光速永远不变的观点——那么其他一切都会随之而来。

你目前所了解的被称为狭义相对论。它是由爱因斯坦在 1905 年发现的。那是很久以前的事了。但即使在今天，世界上仍然很少有人了解它。现在你就是他们中的一员了！它被称为特殊理论，因为它专门适用于稳定的运动。爱因斯坦后来把改变运动的影响也包括在内。这引发了他对空间和时间的进一步的开创性发现，这些都包含在广义相对论中。

爱因斯坦的发现不是通过发现新的实验结果，而是利用已经众所周知的结果。他的聪明在于他能从这些结果中看到别人忽略的深刻后果。他的发现让人觉得真想踢自己一脚，说："我自己怎么没想到呢？"

爱因斯坦解决问题的方法之一是利用当时所能理解的自然法则，并在不寻常的虚拟环境中想象它们——例如，试图想象追赶一束光会是什么样子。就这样，他发现旧的法则无法解释这些情况。因此，这反过来又使他修改了自然法则。

后来他对想象力的这种运用逐渐为人所知，这就是他的科学家同行所熟知的爱因斯坦的"思想"实验，或者用他的母语德语来说，可以称为"格丹"实验。

你喜欢这个故事吗？它是否帮助你了解了世界上一些有趣的事情？如果是这样，未来你一定要继续加入艾尔伯特叔叔和格丹的更多科学冒险。